中华先烈人物故事汇

谢子长

军事科学院解放军党史军史研究中心

学习出版社

中华先烈人物故事汇《谢子长》编委会

目 录

Contents

引　子

谢子长是陕甘红军和陕甘革命根据地的主要创始人之一，红军杰出的指挥员，西北人民热爱的革命领袖。

他和唐澍、刘志丹等老一辈革命家一起领导清涧起义、渭华起义，在西北地区撒下革命火种，创建陕甘边和陕北根据地，成为红军长征的“落脚点”和抗日东征的“出发点”，对中国革命的发展起到了举足轻重的作用。

他很小就立志报国，为广大贫苦民众翻身解放，抛家舍业，投身革命，先后影响和带动家中11人参加革命，其中9人先后壮烈牺牲和被敌人迫害致死，但依然铁骨铮铮，誓言“敌人的暴行只能促使我革命到底”。

他是毛泽东建立革命武装、开辟井冈山革命

根据地道路的忠实追随者、坚定践行者，一生横刀立马，身先士卒，驰骋沙场，面对斗争的腥风血雨和道路的坎坷曲折，始终保持坚定不移的革命意志和百折不回的革命精神，为救民众于水火战斗至生命最后一刻。

谢子长，1897年1月出生，陕西省安定县（今子长市）人。他8岁入私塾，14岁在本村上冬学（在冬季农闲季节才开办的学校）。16岁转入安定县城小学，随拳师魏敬德等参加安定县农民抗羊圈税斗争，取得胜利。21岁考入西安省立一中。22岁转入榆林中学，受到进步思想影响。23岁赴山西陆军学兵团学习军事。毕业后赴北京，结识魏野畴等中共陕西党组织的创始人，参加共进社活动，接受共产主义思想教育。1924年，谢子长回到家乡安定县办民团，任团总。1925年，民团被收编，谢子长任连长。随后再赴北京，在北京大学党支部加入中国共产党。

1925年，经中共北方区委介绍，谢子长重回陕北从事革命斗争。1927年2月，谢子长被选为安定县地方行政会议主席团成员和农民协会促成会委员。创办青年干部训练班和农民运动讲习所，开展反帝反封建宣传。组织和领导农民协会打击封建官僚，惩办土豪劣绅，被当地群众誉为“谢青天”。

1927 年 10 月，谢子长与唐澍等组织领导清涧起义，在西北地区打响武装斗争的第一枪。谢子长任西北革命军游击支队营长、副指挥。1928 年 5 月，他与刘志丹等组织了渭华起义，任西北工农革命军军事委员会委员兼第 3 大队大队长。起义失败后，回陕北开展武装斗争，任中共陕北特委军事委员。1929 年至 1931 年秋，先后在陕北、宁夏、甘肃等地做兵运工作。

1931 年 10 月至 1932 年，与刘志丹等将南梁游击队和晋西游击队、陕北游击支队合编为西北反帝同盟军，后改编为中国工农红军陕甘游击队，谢子长任总指挥，率部转战陕甘边，创建革命根据地。

1933 年夏，谢子长被派往察绥抗日同盟军第 18 师，负责党的组织工作，协助师长许权中（中共党员）指挥作战。同年 11 月回到陕西，任中共中央北方代表派驻西北军事特派员，在极端困难的条件下恢复了陕北红军游击队，建立了安定、延川根据地。

1934 年 7 月，谢子长任陕北红军游击队总指挥。7 月底兼任红 26 军第 42 师政治委员，率红 42 师第 3 团及陕北游击队第 1、第 2、第 5 支队，进行陕北、陕甘边根据地反“围剿”斗争。在河口战斗中，亲临前线指挥，不幸胸部中弹，身负重伤。

此后，由于条件艰苦、药品有限，伤势不断恶化。1935 年年初，谢子长强忍伤痛，与刘志丹商定陕北、陕甘边两块革命根据地和武装力量统一领导的问题，推动成立了西北工作委员会、西北军事委员会。2 月 5 日，谢子长被推选为中共西北革命军事委员会主席。21 日，在安定县灯盏湾逝世，时年 38 岁。

同年，中共西北工作委员会决定将安定县改名为子长县。

1939 年，毛泽东先后两次为谢子长题词：“谢子长同志，民族英雄”，“谢子长同志，虽死犹生”，并亲笔为谢子长墓题写了碑文。

1945 年 2 月 19 日，毛泽东第三次为谢子长题词："谢子长同志千古。前仆后继，打倒人民公敌蒋介石。"

把一切献给人民的人，人民永远怀念他！

01 书生意气

年少多侠义

1897 年 1 月 19 日（农历丁酉年腊月十七），陕北安定县枣树坪（今子长市安定镇）的一个小康农家，随着“哇——”的一声清脆的啼哭声响起，一个男婴呱呱坠地。面色苍白的母亲精疲力竭，看到孩子平安降生，如释重负地露出了笑容，不禁喜极而泣，泪水混合着汗水顺着脸颊不停地淌下。

这时，在屋外焦急等待的谢彪鹏听闻自己晚年又添一子，高兴得眼睛都笑没了。他快步冲进屋内，赶忙看看妻子，轻抚发丝，为她拭去汗水、泪水，然后才匆忙在衣襟擦擦冒汗的手心，抱起刚刚出生的婴儿。“他二哥叫谢占元，那他就叫谢世元吧！”后来，孩子又按照当地风俗随大哥谢德惠的名字，改叫谢德元，取字“子长”，取号“浩如”。从此，西北大地上，有了一个光辉的名字——“谢子长”。

谢子长的父亲谢彪鹏以放羊、开小商店为生。因安定县地处连通陕西、内蒙古和陕北、陇东方向的交通要道上，谢家也常为过境旅客提供食宿，借此补贴家用。谢子长在家排行老七，除了 2 个哥哥，还有 4 个姐姐。母亲贺氏在生育谢子长后坐月子期间不幸患病瘫痪，谢子长从小主要靠其三姐拉扯长大。

谢彪鹏粗通文墨，心地善良、为人正直，十里八村遇有纠纷常常请他前去调解，在当地很有威望。谢子长小时候主要跟父亲学习识字，8 岁入私塾，14 岁时才被家里送去村里学校上学，16 岁考入县立第一高级小学。

谢子长古文功底不错，从懂事起，父亲一边教他认字，一边给他讲做人的道理。比如，做人要做有“浩然之气”的大丈夫，以“修身为本”；遇事要“重义轻利”，要做正人君子；以“修身、齐家、治国、平天下”为己任，每天“三省吾身”；与人相处“己所不欲，勿施于人”，要去私心存公义，危难关头懂得“舍生取义”。这些道理，谢子长有时虽不太懂，却常常牢记在心。

安定县流行陕北说书、晋剧、秦腔，崇尚隋唐英雄、杨家将等英雄人物，包公等廉吏明官的侠义忠烈传奇，千百年来在此传颂。其中很多故事谢子长都耳熟能详，关公、包拯等人的忠烈耿直也在他幼小的心灵中留下深刻印象。

他在村小学读书时，一次课间，有人提议：“我们玩包公断案吧。”同学们兴高采烈地附和着，却不知道具体咋玩。谢子长站出来说：“这有什么难办的，来来来，听我的。”他几下用墨把自己脸涂得像锅底一样黑，指挥同学摆开桌椅，拿起扫把教鞭分列两边，“展护卫”“王朝”“马汉”“张龙”“赵虎”就有了，“公孙策”坐在旁边，一边划拉着字，时不时地吮吮笔尖，装腔作势地写着案卷。

只见谢子长镇尺一拍，就是开堂审案了。“好你个庞国舅，胆敢克扣赈济百姓的救命粮，赃款到底去哪儿了，你给我从实招来！”底下的“庞国舅”顿时抖得像筛糠一样，平日里他仗着家里有些权势，总是目中无人欺负同学，大家对他积怨已久。“庞国舅”一句“我没有贪”的话还没说完，就被谢子长大声喝止，“给我重打三十大板！”“王朝”“马汉”撸起袖子不容分说，把“庞国舅”的裤子扒下半截，噼里啪啦地就打出几道红溜子。平日骄横的“庞国舅”一时哭爹喊娘，同学们拍手称快。谢子长见状，假模假式捋起他的空气胡子，却不知老师早已站在身后。

“谁出的主意！”老师高声问道。

“展护卫”转眼跑得不见了身影，“王朝”“马汉”连忙丢下“刑具”假装看书。“庞国舅”泣不成声地向老师告状。

“给我站出来！”老师声音又高了半截。

同学们大气不敢喘一口，偷眼瞄着谢子长，只见谢子长摊开手，吐吐舌头告诉老师：“主意都是我出的，老师你都打我吧。”看着平时勤学刻苦、门门拔尖的乖学生居然这么有担当，老师又气又高兴，几教鞭下去，见他竟然一声不吭，更不禁暗暗称赞“这个学生不一般”！

在父亲与过往旅客闲谈间，谢子长听说了不少能人异士行侠仗义的故事。好慕侠义的谢子长耳濡目染，便拜附近拳师魏敬德为师，学习武术。

一天下午，谢子长的大哥谢德惠带着几个农民怒气冲冲地来找魏师父，魏师父嘱咐正在练拳的谢子长：“你先练，我有点事。”几个人便去旁边树下商议。谢子长一边认真练拳，一边支起耳朵，仔细听着大人们的议论。

“这年头的狗屁苛捐杂税真是多如牛毛，什么土地税、人丁税、骡柜税、审判税、棉衣税、单衣税……现在又来个羊圈税，说不定过几天还有什么牛棚税、猪槽税、狗窝税……这些贪官污吏简直是想要人命……魏师傅，今天来，就是想让你挑个头，我们一起……”

魏敬德早就义愤填膺，他一边骂，“一只羊每年要交六个铜元的税，谁家还没几十只羊，这些混账！”一边招手“这里不是说话的地方”，带领大家去窑里商量。

谢子长闻言，拳也不练了，跟上前去，“师父，我跟你们一起干！”

从那天起，众人和谢子长师徒便开始奔走串联，一个月后，举事之日终于到了。

愤怒的农民将县衙围得水泄不通，提议推行羊圈税的“狗头军师”赶忙站到县衙门口台阶上好言劝解，众人哪里管他说什么，魏敬德一把将他扯下台，愤怒的拳脚雨点般地把他一顿猛揍。

县长隔着大门，听到动静不好，赶忙跌跌撞撞走上前来讨饶说：“卑职公务繁忙，让大家久等了……”

人群里一阵乱骂，魏敬德等人说：“少废话，为什么要征羊圈税！”县长本来还想分辩几句，见状哪儿敢再说什么，只好结结巴巴地回应说：“卑职原也思量此举不、不、不可，都怪师爷胡出主意，既然大家都觉得不好，那就马上、马上取消！”

人群激动地欢呼起来，谢子长高兴得又蹦又跳：“师父，我们胜利了！”

没过多久，延安知府王操权又往安定强派盐税，魏敬德和义士袁进等带领两三千农民包围了县城东面瓦窑堡的盐税税房，捣毁了税房税牌。但王操权调动延安驻军一哨人马残酷镇压，血洗了抗税的策源地立一川（今子长市玉家湾镇），杀害了义士魏敬德等人，并将其头颅残忍地割下，挂在城门上示众！

谢子长当时因年幼，未引起当局注意。但魏师父的惨死对谢子长触动很大。他不禁暗自发誓，“时日曷丧，予及汝偕亡！”小时书上读来的话激发了他愿与狗官同归于尽的志气。贪官与匪兵沆瀣一气的肮脏政局，腐败军阀的无耻残暴给他留下深刻印象。民不聊生的日子，什么时候是个头，怎样才能走到头，谢子长苦苦思索着。

学生告县长

1918 年，21 岁的谢子长以优异成绩考入西安的省立第一中学学习。当时的中国正处于北洋政府统治时期，各派军阀勾结西方列强，以武挟政，你方唱罢我登场，时局混乱。与此同时，新的思想和各种社会自然科学也在西安这座古城奔流激荡，这些都使这个来自偏远小县城的青年大开眼界。他开始慢慢关心国事，放眼世界。

同年冬天，谢子长回家过寒假。当时的安定县县长章尚武贪赃枉法，指使他的哥哥官倒官卖，所获收入中饱私囊，并额外摊派各种粮秣税收，交不起的百姓就被关到大牢百般折磨。此外，他还囚禁反袁志士郭海宽，袁世凯倒台后，章尚武以郭海宽常因公务仗义执言、与他作对，仍以种种理由囚禁不放，最终将其残忍杀害，终于激起全县民愤。谢子长经过多方奔走，收集到了章尚武的种种罪行，写成诉状，顶风冒雪用了 6 天时间步行 300 多公里到榆林告状。

谁知连跑几趟，居然连状子都递不进去，还被当班差役嘲笑不自量力。谢子长无奈，只好离开。一位榆林中学的学生知道此事后，给谢子长提点说："你去试着找一下我们的校长杜斌丞，他一定会帮你！"

这个杜校长是当时西北著名的教育家和政治活动家，后来成为中国民主同盟的领导人之一。杜校长一见面就喜欢上了这位热血青年，被他同情百姓、勇敢正直、不畏权贵的精神深深打动，满口答应帮助谢子长。杜校长当即修书几封，联络榆林一些德高望重之士联名施压。

道尹（当地的行政主官）无奈，只好接办。公堂上，谢子长义正词严，有理有据地控诉章尚武的罪行。道尹没想到一个小小学生居然这么有胆量、有辩才，便问道:“你一个学生不好好学习，为何要掺和政事?”谢子长回答:“天下兴亡匹夫有责！我上学读书就是为了报效国家。眼见昏官贪赃枉法，我再置若罔闻，读书还有什么用！”

一番话说得道尹瞠目结舌。其实，章县长的倒行逆施道尹早就知情，只是碍于章县长的背景和情面才官官相护。如今事已至此，他也只好秉公处理，革去章县长的官职。

小小学生一下子告倒县长，整个安定县都轰动了。当地百姓奔走相告，热烈欢迎凯旋的这位英雄学生，还为他编了一个顺口溜:

安定章县长，枉法又贪赃，
逼民交粮款，关押郭海宽。
学子谢子长，血气正方刚，
北上榆林府，为民去告状。
求助杜校长，状子递上堂，
道台见子长，一副学生样。
子长把理讲，道台答不上，
革了县长职，准了子长状。

经过此事，谢子长和杜校长成了忘年交。杜校长赞赏谢子长的勇气才学，力邀他到自己执教的榆林中学求学。第二年，谢子长便转到当时思想更进步的榆林中学学习。

后来五四运动爆发的消息传入陕北，在杜校长的支持下，榆林中学的学生也积极组织起来。他们成立了学生会，谢子长被推选为学生会负责人之一。他们组织全校师生罢课 3 天，呼应北京的爱国运动。师生们还分成组走上街头，发传单、拉条幅，宣传演讲，大声呼吁积极行动起来，抵制日货，开展爱国运动。

国家民族危亡日近，目睹北洋政府的腐败无能，帝国列强的贪婪无耻，谢子长激愤得常常夜不能寐。每到这时，他总会想起精忠报国、誓把胡虏驱除消灭的岳飞，放声朗诵他的《满江红》：

怒发冲冠，凭栏处，潇潇雨歇。抬望眼，仰天长啸，壮怀激烈。三十功名尘与土，八千里路云和月。莫等闲，白了少年头，空悲切。

靖康耻，犹未雪；臣子恨，何时灭！驾长车踏破，贺兰山缺。壮志饥餐胡虏肉，笑谈渴饮匈奴血。待从头，收拾旧山河，朝天阙。

这时的谢子长，眼界日益宽广，内心却日益苦闷。想要亡我中华者，何止一种“胡虏”。山河破碎，怎么收拾？昏聩荒唐、腐败无能的北洋政府，“天阙”处能有什么指望！这种局面，就算是岳飞复生，又能有何作为？怎么办？怎么办？怎么办？

谢子长百思不得其解，就算杜校长，此时也不能解谢子长之惑。无奈之余，杜校长只好语重心长地对他的学生说："'士气峥嵘未可非，人才泯灭方堪虑'，我们先多培养一些知新学有新思想的有志之士吧！"受其影响，1 年之后，谢子长践行杜校长的教育救国思想，未及毕业便回到家乡安定县执鞭从教。

当时的安定县却是一片死气沉沉，县公署连续 30 多年被李耀辉、王伯阳、孙志鸿几个老乡绅和史、贾几家大户把持。历任县长、各部局司都由他们拿捏掌握，官绅利益盘根错节，稍有人想触碰动摇，便被驱逐迫害。

北一区王家沟村的王枚臣就因此碰了壁。他到安定第一高小当校长未及 1 个月，就因得罪三老乡绅，宿舍半夜经常被人扔进砖头，好几次险些头被砸烂，只好辞职回家。

谢子长回乡到安定高小执教，正值王老校长离去未久，校长之职被三老乡绅之一的王伯阳把持。为了中饱私囊，他私自规定每名学生每年要交纳 800 铜钱的学杂费。许多学生交不起，就被勒令退学。

谢子长深感愤怒，于是鼓动辍学学生集体去

找校长理论，校长一顿“之乎者也”便把他们打发回来。于是谢子长联合六七位进步教师一起反对，他们到县公署去请愿，四处张贴公告，声讨王伯阳的腐败无耻。教育科科长眼见众怒难犯，只好作出让步，革去其校长之职。但没过多久，县长便委派王伯阳担任权力更大的县财政科科长，校长的继任者依然是旧势力的代言人。

退学学生虽已重返学校，谢子长的斗争不无小胜，但王伯阳的不降反升让他深感耻辱。在这种环境下，想要通过常规途径的斗争，是不可能取得实质性胜利的。寒门子弟受教育的资格都没有，他连自己的学生都无法保护，荒诞的事实很快让谢子长猛醒过来，教育救国，此路难通！

投笔从军行

正当谢子长对教育救国心灰意懒之时，从山西传来消息，太原办起了“学兵团”，招收高小毕业的青年学习军事。

听闻此事，谢子长如遇当头棒喝，顿时醒悟。对啊，魏师父抗税不能成事，正因为拳脚不敌枪弹；自己联合师生斗校长，王伯阳不降反升，不也是因为老师学生软弱可欺吗？事后，县长、王伯阳还与新任校长狼狈为奸，打击迫害斗争师生。谢子长心想，如果我也能荷枪实弹，到时他们还敢这样为非作歹，欺凌瞒骗自己吗？想通这些，他毅然翻山越岭，东渡黄河，步行 400 多公里，到太原投考“学兵团”。

很不凑巧的是当谢子长赶到太原时，那一期学员招考已经结束。虽然也有补录机会，但当职考官一看谢子长其貌不扬，甚至有点含胸驼背，便不耐烦地打发他：“早就满员了！就你这样也能学军事？”

满怀信心的谢子长碰了一鼻子灰，越想越生气。回到住处，他义愤难平，久久不能入睡。于是买来纸笔，龙飞凤舞唰唰写满一张大纸，找旅店老板要来糨糊，连夜贴在“学兵团”驻地门口。上面写着：

秦人在晋言志书

秋到落叶萧萧下，不尽黄河滚滚来。

昔重耳于秦之北避难，还晋而终成霸业；今秦人赴晋投笔从戎，岂料尔等以貌取人，不问鸿志与否？实有违秦晋之好。人岂可貌相，海水又何斗量。历来成就大业者不在体貌伟岸，而在是否立远大志向也！人言吾体小瘦弱，安知吾红心跃动，热血亦腾乎！

中原逐鹿，谁主沉浮？貌美体壮而胆小如鼠者能担此乎！治乱在于军，救民出水火，吾辈之重任了。呜呼！燕雀安知鸿鹄之志哉！

此处不留人，自有留人处，中华大地任吾驰骋。鹿死谁手，岂在一时，天将降大任于斯人也，鼠辈能知乎！！！

谢浩如壬戌秋

第二天，整个“学兵团”都沸腾了。大家争相传抄，纷纷议论，这个谢浩如是什么人？居然这么有才气，有个性！好事者百般探寻，才从旅店老板那里得知此帖是出于谢子长之手。许多晋陕籍的学员教官慕名而来，纷纷与他攀谈，小小客栈一时门庭若市。来访者多为谢子长的才学谈吐倾倒，回去后都成了他的义务宣传员。碍于舆论，主考官只好让谢子长破例再考。谢子长果然不负众望，以各科全优成绩被录取。

2 年学习期间，谢子长没有回过一次家，加之他有习武基础，人又聪明，勤学苦练，很快就在同期学员中崭露头角。特别是步兵操典、野外作战之类的科目，他的表现尤其突出。一次演练中，他一昼夜负重行军 100 多公里，让教官和同学深感震惊！

后来，谢子长以优异的成绩毕业。阎锡山组建“学兵团”原本是为了培植军官发展自己的个人势力。许多学员在此学习也视学业为升官发财工具，不少人后来成了反动统治者的走狗。谢子长毕业时，有军官也对他封官许愿，希望他留军报效。对此，谢子长丝毫不为所动，执意追寻救国救民的大道。

离开太原时，谢子长心心念念的是重回安定，改变那里贪赃枉法、官官相护，苛捐杂税多如牛毛、百姓民不聊生的旧世道。但一时从何做起，他还没有具体思路。迷茫困惑时，他突然想起杜斌丞跟他讲过那个青年才俊荟萃一方，充满生气的五四运动摇篮的北京。对，为什么不到五四运动发源地去看看？想到这里，谢子长马上精神抖擞起来。次日一早，他就背上行囊赶赴北京。

在北京，谢子长结识了中国共产党陕西党组织创始人之一魏野畴，以及许多共进社成员，并参加了共进社的活动。共进社的领导成员很多都是共产党员，后来许多其他社员也都参加了中国共产党。当时的共进社员都根据自己兴趣，参加北大、高师一些团体的活动。谢子长积极参加了很多平民演讲团等学生活动，如饥似渴地阅读当时可见的各种新思想读物，和已发行的所有《共进》半月刊。特别对《共进》第 33 期刊登的《本社宣言》所说的国情分析深感认同。

宣言写道："我们认为中国目前应解除的两大恶势力，是国际资本帝国主义和军阀政治。但是国际资本帝国主义，实借军阀的恶势力予以蓬勃与作恶的莫大机会，所以认为首先努力于打倒军阀。因为打倒军阀，是对内谋政治清明的惟一的第一步方法，而对于解除国际资本帝国主义，亦为釜底抽薪的方法。”“打倒军阀”这 4 个字从此深深地印在谢子长的脑海中。

经过慎重考虑，谢子长决定回到家乡，利用自己学到的军事知识，去彻底改变安定。

02 艰难求索

团总谢青天

1924年春，谢子长从北京风尘仆仆地赶回他阔别2年多的家乡安定县。

民国时期，偏远县城的地方治安普遍不好。像陕北这种地方，山大沟深，穷乡僻壤连片，土匪特别多，经常会出现拦路抢钱、打家劫舍、倒卖鸦片、杀人越货等事端。一些地方豪绅为了自家生命财产安全，就自己搞武装、拉队伍，然后再借“治安有功”反过头来勒索民财。这些武装号称民团，事实上却很少真正保境安民。更有甚者，常与政府联手蒙骗百姓、制造事端，借机大肆敛财。

谢子长回乡时，恰逢安定县民团团总是个好

吸鸦片的大烟鬼，上梁不正下梁歪，手底下的团丁也是个个吃喝嫖赌样样俱全。官绅百姓眼见万一有事，这帮废物绝对指靠不上，都对他们很不满意。值此机会，谢子长特意找人放出风去，愿意担任团总，为保境安民出力。

县长和那些豪绅一听此事高兴坏了，他们满以为谢子长学成军事，没有用武之地，回心转意来投靠他们，于是联合推荐他当了团总。

谢子长招募了一些贫苦子弟的学生参加民团。很快，这个队伍就发展到四五十人。

团丁收齐后，他首先组织成立了一个士兵委员会，开展民团的民主活动；其次，组织团丁学习军人职责和义务，严格按照他所学过的步兵操典进行训练；再次，编写了一套团丁学习课本，教授文化知识，定期举行考试；最后，他还编制了爱民规章，进行军民关系和群众纪律教育。谢子长每天亲自带着民团瞄准刺杀，定期还在训练间隙穿插政治思想教育。借教识字和提高文化水平机会，他给团丁们讲解穷人为什么受苦，地主豪绅是怎样压榨贫民的，也为他们介绍了许多国家时政，培养他们为国为民的道德感、责任感，告诫他们“民团、民团，就是人民的团，就要保护老百姓”。不少青年当时是抱着养家糊口或者抖威风的想法到民团的，经过谢子长循循善诱的教导，他们的认识水平得到了较大提高。

为了全面维护社会秩序，谢子长贴出布告，规定多项禁令：严禁贩卖大烟土，严禁招场窝赌，严禁打架斗殴……遇到赶集庙会时候，民团便自觉维护秩序，使城内百姓往来交易井井有条。

为了加强军民关系，谢子长还组织团丁与学校师生进行篮球、排球和歌咏比赛；组织团丁与居民一起打扫街巷市场、修筑城墙，为孤寡老人担水扫院，使民团在百姓心中享有很高的威望。安定官绅起初都还很高兴，以为保举得当，日后自己当官发财安稳无忧。

但是，安定官绅很快察觉到，谢子长对穷人总是和和气气，对他们这些“衣食父母”却从来正眼都不看一下。他们上门请托的事情，谢子长也从来都不理。没过多久，还从民团传出话来，“今后谁要再敢欺压老百姓，小心剥他的皮！”

这话很快应验了。当时安定西区有一个劣绅无恶不作，人称“老狼”，当过县团总，两个儿子也很骄横，其中一个也当过区团总，比老子更坏，人称“狼儿子”。

一次，“老狼”因为一个人称“宋乖人”的穷人欠了他的粮，收成不好还不上，便强索硬催，还把“宋乖人”的指头打断了一根。谢子长听说后，就派人把“老狼”抓来，拿皮带狠狠抽了一顿，直到他答应今后不再胡作非为，并且找人立了保证书后，才放了他。

没过多久，听说“老狼”任团总时无故摊派了几笔治安费，所得收入用来巴结县长和中饱私囊。经过调查取证，谢子长又把“老狼”抓来当面对质。“老狼”上次吃过亏，这次证据确凿，哪敢胡说，只好老实交代、答应清退赃款。谢子长便让“老狼”写了一张退款保证书，并限令 3 天之内清退赃款。

俗话说打了黄牛惊黑牛，“老狼”挨了打之后，眼见谢子长连这么硬的茬子都敢去碰，仗势欺人的土豪劣绅们都害怕了，收敛了很多。“老狼”的儿子“大狼”“二狼”也着实老实了很长时间。

当时陕北是军阀井岳秀的天下，这个土皇帝到了陕北之后，家乡关中的本家、亲戚和旧部们，都纷纷前来投靠，在此当兵求财，谋事营官。他们有恃无恐，横行霸道，经常向百姓拉差。甚至有的人仅仅是靠会说关中话或借穿一件灰军衣，在路上走累了或想找人搬运行李，就可以随便在路上向百姓拉差。

一天晚饭后，谢子长在街上巡查，一个衣衫褴褛的老汉走到他面前，“扑通”一声跪下，只喊了一声“谢团总，冤枉……”便哭得泣不成声。

谢子长赶紧扶起老汉，“老人家，别哭，有冤慢慢说，我给你做主！”老汉告诉谢子长，他拉毛驴赶集，碰上两个当兵的，硬要牵他的毛驴去当差，老汉不肯，被他们打了一顿，还强行牵走毛驴。

谢子长听了，二话没说就派人抓回了那两个士兵。第二天，让团丁押着两个士兵，拉着毛驴找老汉当众赔礼道歉。多少年来只有大兵欺压老百姓，哪有大兵向老百姓赔罪的事？这事儿一下成了

安定城里的头条新闻。老汉感激不尽，跪在谢子长面前一个劲儿地磕头，并说："谢团总，你可真是'谢青天'啊！"

谢子长赶紧扶起老汉，站在高台上当众宣布："乡亲们！从此以后，凡是过路兵士，都不能任意拉差。就算是公务在身的军人，用差也得通过政府正式摊派。吃了饭、买了东西、用了草料都得按价付钱，不准赊欠亏损百姓。我们民团，也不例外，以后若有违令欺压百姓的，本团总严厉惩办，决不宽容！"

没等谢子长说完，人群中爆发出雷鸣般的掌声和欢呼声。从此以后，"谢青天"的称呼便在老百姓口中传开了。

几次教训"老狼"等恶名昭著的旧派官绅之后，土豪劣绅人人自危，他们敢怒不敢言，只好釜底抽薪，从经费上开始限制民团。民团的经费越来越困难，上边的拨款，县衙门和财政科常常借故迟迟不发，富户们供应的粮食，也百般刁难拖欠不给。无奈之下，谢子长经常从家里拿来钱粮或赶来猪羊，以使民团渡过难关。

争取石谦部

勉强支持 1 年左右，谢子长深感民团所能发挥的作用开始受限。土豪劣绅们一方面在供给上大设限制、百般刁难，另一方面慑于谢子长气势也都不敢明目张胆为非作歹。他们是想耗死民团、重新物色鹰犬爪牙，谢子长心中看得十分明白。正当一筹莫展时，谢子长在太原“学兵团”的同学李象九前来找他。

李象九进门就对谢子长说：“老同学，今天你得好好谢我！”

原来，谢子长的困境李象九都看在眼里，这次登门拜访，正是为此而来。“我给你找了一条好路子！”李象九故意卖关子说道。

谢子长问：“啥好路子？”

“石谦部要扩张了，井岳秀给了他一个团的编制，他现在正在招兵买马，前几天还跟我说要收编你的民团呢！”

按理说谢子长组建民团，专门与贪官污吏、土豪劣绅作对，这些人胡作非为，背后处处都是井岳秀的影子。当了团总，谢子长还经常抵制井岳秀的摊税拉差，怎么能投靠于他。

李象九担心谢子长误会他的意思，赶忙解释：“不入虎穴，焉得虎子，你姑且借此栖身，解决大家的衣食之忧，将来……”

谢子长会心一笑：“你的心思我知道，只是这个石谦到底可靠不可靠？”

“可靠可靠，你不知道……”眼见谢子长一点就透，李象九高兴地落了座，跟他细说起这个石谦来。

原来，石谦也是个苦出身，年少时家里穷得三餐不继，没有办法才投了军。当了军官后，他尤其自律。李象九说：“他治军很严，遇有士兵欺负穷人，劈头盖脸就是一顿责骂，严重者一律军法从事。据我对他的了解，他从来不和官绅勾结作恶，一直体恤穷人，是个正直的军人！”

谢子长连连点头：“既如此，这还真是个好去处。这样吧，我先选一些人跟你过去，其他人我随后就带过来。”

谢子长先从民团内拨去一个班，班长是雷恩均，后来又选调青年阎红彦做号兵，谢子长的老同学史唯然去做政治工作。在此基础上，李象九成立了一个学生兵连。

1925 年三四月间，谢子长带领安定民团也接受了改编，成为石谦部第 12 连，谢子长任连长。

谢子长带的连队，是当时石谦部军纪最好的。有一次，连队移驻耀县，一个排长的哥哥去看他，路上抓了民夫和一头毛驴，被谢子长碰上了，谢子长举起手中的马鞭，一鞭就将他从驴身上打下来，指着他训斥说：“你就这样仗势欺压百姓吗？”这人连连求饶，说自己不懂事。谢子长说：“你既然知道这叫不懂事，就更应该知道不能欺压百姓！”最后这人跪在地上，表示再也不敢了，谢子长才将他放了。

那几年的中国很不太平，前后发生 1923 年曹锟贿选、1924 年第二次直奉大战等，都引发了大混乱。为了争夺权力，各路军阀连年混战，不惜丧权辱国，甘当列强走狗。军阀背后的列强为了攫取更多在华利益，巧取豪夺，强逼北洋政府签订各种不平等条约或协定，来华开办工厂、倾销商品，工人被压榨，农民遭破产。于是，五卅运动、省港工人大罢工等爱国运动风起云涌。

就连安定县这种小地方，也受到影响。曹锟贿选时，各县为捧场和应承，造选民名册。安定县官绅雇人抄写庙碑、坟碑、商号账簿上的人名去充数，以致把死去三五百年的人名也抄去。地方军阀委任的县长走马灯似的换了又换，1912 年至 1926 年，前后换过十几个人，每来一任都搜刮一番，然后卷款跑掉或者被人斗倒。为了策应全国行动，中共北方区先后派魏野畴、李子洲等组织发动陕北地区的革命活动。

从太原“学兵团”毕业后，谢子长曾和共进社有过接触。在编入石谦团后，他的连部移驻府谷县，很快与李子洲取得联系。谢子长常到李子洲处促膝长谈，李子洲给他推荐了《共产党宣言》《国家与革命》《唯物史观浅说》《共产主义 ABC》《中国青年》等进步书刊，给他介绍全国革命形势。在李子洲的影响和帮助下，谢子长对马列主义有了更加深刻的认识。

为了进一步开阔眼界，1925 年冬，谢子长联络李象九、史唯然等 4 人，向石谦请假，再次前往北京，追求救国救民的真理。

在北京期间，谢子长精心研读马克思主义的书籍和《新青年》《共进》等进步书刊，以及介绍共产国际、共产主义运动和马列学说的文章，并多次聆听了李大钊的讲演。经过对当时在中国流行的各种思想流派的反复研究比较，并联系陕北地区实际，谢子长认识到，马列主义是解决中国问题的唯一武器；无产阶级革命道路，是挽救中国的唯一正确方向；而中国共产党则是唯一能够领导中国革命取得胜利的政党。

与此同时，北京爆发了由中共北方区委领导的旨在推翻段祺瑞政府、建立国民政府的“首都革命”。谢子长参加了组织学生敢死队等许多工作，在斗争中表现坚强勇敢，受到革命师生的一致好评。经白超然（北大学生，绥德人）、白志诚（北京农大学生，清涧人）介绍，中共北京地委批准，谢子长在北京大学党支部郑重加入了中国共产党。

此后，经中共北方区委介绍，谢子长重回陕北从事革命活动。他用连队节省的经费，在北京购买了几架油印机，赠送给安定连队和学校，使各校能自印革命传单及各种革命文章。

随着进步思想的传播，士兵们的精神面貌为之一新。谢子长十分关心士兵的生活，深得士兵们的爱戴和信任。还在连队进行民主尝试，组织了士兵自治会。建立俱乐部，演新戏，办球赛，学唱《国际歌》等革命歌曲，活跃军营生活。他也给士兵教唱他自己编的革命歌曲，其中就有“孙文在广东，列宁一声唤，双手迎接共产党”等歌词。

收编之初，石谦就感到谢子长和李象九两个连队很不一般，作战中两个连都表现出强悍的战斗力。一次战斗中，石谦被人包围，形势十分危急，还是谢、李率部救了出来。

谢子长从北京回来后，石谦听他讲起自己的所见所闻、入党经历，眼见连队改造后生龙活虎的气象，也对共产主义产生了强烈的好感。石谦不止一次对谢子长说：“你没有白跑一趟，到底是开了眼界，收获很大呀！”

组建农协会

1926 年冬，井岳秀给了石谦部一个旅的编制，让其继续扩军。但谢子长带领的人没有较大规模地增加，仍保留一个连的编制。同年年底，谢子长连移驻安定县县城。

移防安定没两个月，他就把井岳秀的同乡加亲戚、乱派商税的肤施（今延安市）商税局局长薛国钧在集市上吊起来，狠狠抽了一顿鞭子。薛国钧被打得鬼哭狼嚎，刚开始他还咬牙切齿咒骂谢子长，“你给老子等着，井大人知道看不剥了你的皮！”

谢子长鼻腔轻蔑地哼了一声：“那就让他来吧！”伸手一挥，又是一顿狠抽，这位局长马上就开始哭爹喊娘：“子长爷爷，你饶了我吧，我再也不敢了，多收的税我立马就退。”

放走了薛国钧，谢子长站在高高的土台上放声演讲："乡亲们，今天我们收拾了薛国钧，大家都很高兴。可是还有无数的薛国钧骑在我们脖子上，把我们当牛马、当猪狗，吸食我们的血肉。只要有他们在，我们就永远没有好日子。我们要翻身，永远不受他们欺压，就应该像广东湖南江西的农民一样，组织农民协会，自己掌握财政税收大权！"

群众的激情像熊熊烈火一样被点燃了，大家拼命地拍着手，仰着脖子看着谢子长，直到手掌拍红、脖子酸疼，都久久不肯散去。几年前谢子长从"学兵团"还乡当团总时，百姓便已熟知了这位"谢青天"，如今看到他又回来，准备发动农民闹革命，别提有多振奋。可这革命究竟怎么搞呢？谢子长和冯景异、康忠治、郭光青等几位地方上的共产党员仔细商议后，便去找县知事（北洋时期的县长）张凤梧商议召开地方行政会议。

张凤梧听了浑身不自在，这些"贪官污吏""欺压百姓""穷人翻身"之类的口号，在他听来可没有一个好词儿啊。农民们都听了谢子长的话，那还得了？可当时正值国共两党合作北伐，发动民众打倒旧军阀，谢子长要搞的这些都是合法的。

明面上县长不好公然翻脸，谢子长将计就计，风风火火就开展起革命来。县长强忍着“肚子疼”，也只好配合谢子长。1927 年 2 月 23—25 日，在谢子长的积极倡导和努力筹备下，召开了安定县地方行政会议。会议通过了《农民协会案》、《教育案》、《天足会案》(禁绝缠足的法案)、《保卫团案》、《保董案》、《杂税案》、《皮毛捐案》、《县公署案》8 个决议案。明确宣布“取消安定全县保卫团”“保董（民国保甲负责摊税征役等事的基层小官）应与平民一样摊款，不得私自苛打、罚金”“杂税应按实数摊派不得多摊分文”“商税局不得任收杂税”“皮毛捐不得在活羊身上收款”“差役不得向民众勒索”“钱粮不能多收分文并预征”“本县如有摊款情事，县公署宜先将摊款原数及各区所摊之数目公布，收到款时须将所收款数切实公布”，等等。这些条款条条限制贪官污吏搜刮民财中饱私囊，牵动了全县官绅的“鬼肚筋”，但他们也只能忍气吞声。

根据中共中央和陕甘区委的指示精神，为了扩大革命成果，谢子长和中共安定特支商定，学习广州农民讲习所经验，开办农民讲习所，在全县各区成立农协。

农协的活动轰轰烈烈地开展起来了，半年多来，所有公款与税捐的收缴、粮秣的供应权等，都被收归农会。县长每次见到谢子长或者榆林来的督税委员们，总是诉苦说他连买米买豆腐的钱都没有了。连往年由井岳秀直接摊派的烟亩税，在安定也不能收得分文。

此时，石谦部的驻军范围遍及清涧、安定、延长、宜川等县，谢子长所做的一切，都得到了石谦许可，因此可以毫无顾虑地开展工作。井岳秀明知这些都是谢子长一人所致，但当时革命势力正在高涨，而且有石谦支持，井岳秀也只能忍受观望。安定到处只能看见农民大众的活动，反动势力销声匿迹，再也不敢胡作非为了。

不过，总会有那么几个顽固不化的死硬分子，跳出来作对。南二区蟠龙镇的大地主宋运昌和瓦窑堡两个放高利贷的大财主王玉书、马子厚就是这种人。他们一面偷偷催索旧税旧债，一面到处散布谣言恐吓百姓："人家延安、延川都不搞农协，就咱县出了个谢子长，搞什么农会。我看农会就是秋后的蚂蚱，蹦跶不了几天，不要跟着瞎闹腾！小心以后跟着挨收拾！”

唱反调的当然还有谢子长的老对手、被驱逐的校长王伯阳，和三老乡绅中的李耀辉、孙志鸿。他们多次公开破坏，阻挠进步学生参加活动，还撺掇县长校长把持印信锁钥、人员账册，借此要挟夺权。

谢子长果断展开反攻，他亲自抓获宋运昌，派人把王玉书、马子厚找来，只准他们取回本金，然后烧毁所有账册，把两个作恶多端的坏蛋赶出安定。然后广泛动员，组织学生到处宣扬已掌握的罪证，迫使县长拘押审判了王伯阳、李耀辉、孙志鸿。

眼见再不制止，安定全县将为农协和共产党把持，自己将无立足之地，张凤梧的狐狸尾巴终于要露出来了。为了安抚王伯阳、李耀辉、孙志鸿3人，他明里假情假意应付谢子长，暗地里早为3人打开枷锁让其自由出入。谢子长当时忙于工作，没想到县长张凤梧居然如此胆大包天。

经此一事，谢子长便常穿上破布衣衫，明察暗访。张凤梧暗中使的坏终于搞得一清二楚，算总账的时候到了，一个晚上，谢子长叫来儿童团的李宗贵（李赤然），在他耳朵上如此这般地叮嘱起来……

第二天一大早，李宗贵带领 3 个儿童团团员直奔安定县城，转身进了县衙后堂，看到张凤梧正在那里过着鸦片烟瘾，直接把他按倒在地。两个挂匣子枪的狗腿子听到动静，冲进来准备动手：“你们再不放开，就开枪了！”正在这时，门外传来响亮的歌声和口号声，两个警卫见势头不妙，只好让到一边。

连续清算了 5 天，县长张凤梧的黑账基本查清：贪污教育经费 1300 余元，苛捐杂税的油水数百元，敲诈勒索的不义之财数百元，受贿 500 余元、黄金 30 两、白银 800 两、首饰 200 多两，鸦片烟 300 余两，谋财害命 7 人……

谢子长把这些列成清单，散发张贴到全县各处，并在安定县全城群众大会上同赃官进行了针锋相对的斗争，终于将这个“民贼县长”赶出了安定县。

清涧举义师

谢子长领导安定农协的斗争，也让石谦部在清涧、安定、延长、宜川等地赢得了空前的声望。在当地百姓支持下，石谦部很快就充实为一个货真价实的旅。原来以关中兵源为主的石谦部，后来 12 个连长中陕北人占四五个，近 50 个排长中陕北人占一半，政治人员全是陕北人，1500 余名士兵近千人都是陕北人。而且石谦部还在安定开办了兵工厂，成了井岳秀部实力最大最雄厚的一支力量。

有一次，在旅部餐会上，石谦握着谢子长、李象九两个人的手，动情地对二人说："井大人是待我不薄，我自幼从军，是他把我从小兵一步步提拔到现在的旅长地位的。但他盘踞陕北终究是为了私利，这么多年，我为他干了多少滥征苛捐的脏活臭活，被人戳脊梁骨，遭了多少唾骂！他对我好是为了利用我。可是你们不一样，救了我的命却从来不计回报。你们发展农会，把这里的形势搞得红红火火，老百姓看我有的甚至像娘老子一样亲，我石谦还从来没有被人这么爱戴过、尊敬过。”

谢子长还从未见过这个面色黎黑的铁汉居然已是满眼泪光：“共产党就是不一样，井岳秀哄了我十几年，现在我才活明白了，石某人不是石头人，我石谦对天发誓，一定支持你们干到底！”

在旅长的默许和支持下，石谦旅部中的党组织由特支改为军事特别支部，直接受中共陕甘区委领导。几个营连都成立了支部，100 多名官兵加入了党团组织，大部分官兵倾向革命。

张凤梧被驱逐的内情和石谦的思想动态，井岳秀很快就查明真相。逃到榆林的张凤梧天天在他耳边吹风，他心里恨得牙痒痒，只是碍于大局，又忌惮石谦，一时还不好轻举妄动。直到 1927 年 6 月中旬，冯玉祥开始同蒋介石一起反共，陕北的革命形势急转直下，井岳秀的机会终于等来了。

没过几天，井岳秀的一道秘密手令就送到了石谦旅部，电文意思很明白：限期“清共”，尤其是谢子长、李象九，或者交人，或者交尸，决不能留！石谦得令后左右为难，整夜睡不着，他思前想后，还是觉得应该找他们来议一议。

谢子长看过手令，轻蔑地笑了笑，问：“旅长，你准备把我们交出去吗？”

未等石谦回答，李象九便着急打断说：“旅长，他这是借刀杀人，让你自毁长城呐！”

石谦说：“我当然不会把二位兄弟交出去，要不然也不会叫你们来商量，只是……”

谢子长接过话茬：“不交出去怕是不行，井岳秀不会再容得我们了。”

李象九说：“交出去也不行啊，老贼对你有戒心，除掉我们，恐怕就该对你下手了！”

石谦苦笑道：“事情难道没有回旋余地了吗？”

谢子长说：“未必没有？只怕旅长……”

李象九恍然大悟：“对对对，旅长你可以抗命不遵的呀？”

石谦无奈：“兄弟有所不知，我跟了井司令这么多年，他这个人，一旦跟你摊了牌，不达目的就决不罢休！何况他也是奉了冯总司令的命令。”

谢子长又问：“旅长意思是让我俩逃走吗？”

没等石谦回答，李象九便又开口："旅长你跟我们拉队伍走吧，我们全旅反水，井岳秀不敢拿我们怎么样！"

石谦惊诧地看着李象九，细想了下，还是摇了摇头："恐怕不行，那样就要彻底跟他翻脸了，我想事情总还是有其他办法的。"他越想越头疼，只好摆了摆手："你们先回去吧，正好过几天是井司令的生日，我亲自去一趟榆林，劝他重新考虑。"

临别时，谢子长还是忍不住回头说了句："旅长，榆林恐怕去不得！"石谦只是轻轻摇头，转过身去便再不说话。

石谦终究还是去了榆林，见到井岳秀并给他祝寿。当晚，正休息时，几名身穿便装、头裹黑巾的大汉突然闯进门来，噼里啪啦一阵乱枪，就把石谦打死在房间里。

井岳秀"闻讯"，第一时间赶到现场，抬起马鞭指着石谦的尸体放声大笑："你这就叫活明白了吗？我叫你死，你都不知道自己是怎么死的！"但是对外，井岳秀却派出部队，全城戒严搜查刺客，故弄玄虚整整折腾了一夜。

紧接着，两道新的命令就传到安定、清涧，命令李象九到延安，借口是要改编为“骑兵团”，命令谢子长连到宜川换防，阴谋借机消灭这两支“赤化”了的部队。在此紧急关头，谢子长等石谦旅中军事特别支部的同志们请示陕西省委为石谦报仇，省委派人介绍了蒋介石叛变革命后的形势，传达了党的八七会议精神，指示谢子长、李象九立即举行武装起义。

按照省委的指示，谢子长和李象九、省委派来的唐澍等组成了起义领导小组，决定唐澍为书记，谢子长、李象九为军事委员会委员，李象九为旅长，唐澍任参谋长，以谢子长、李象九的 4 个连为骨干，联络受他们掌握和影响的其他 4 个连共 1000 余人，编为谢子长、韩子丰、李瑞成 3 个营，在清涧发动武装起义。领导小组为起义队伍编创了慷慨激昂的战歌：

陕北有个害人贼，
名叫井岳秀。
纵杨衮（井的团长），

杀名流（刘含初），
罪属莫须有。
先打高双成，
活捉井岳秀，
志愿不遂，
目的不至，
誓死不回头！

10 月 12 日晚，起义的枪声在清涧县城打响。部队对全城实行了戒严，割断电话线，关押了县长和豪绅。查封了大商号的银柜，打开大商号的烟土库，全部没收。谢子长负责收缴县公安局的枪支并主抓军纪监察工作。他带人在城中巡逻时，发现有士兵趁乱抢夺老百姓的东西，当即逮捕执行枪决，借此机会向全体官兵讲话："我们共产党领导的部队，时刻不要忘了老百姓，不论走到哪里，都要爱护他们，给他们办好事，这就是我们革命的目的。这样老百姓才会支持我们。不论是谁乱抢老百姓，糟蹋老百姓，都要从严处理！"

之后，起义部队从清涧出发南下延川，与原

石谦旅部王有才（共产党员）连会合，又向延长县城前进。谢子长进城后将驻军营长齐梅卿捉住，让他命令其部缴械，延长县城即顺利攻克。

此后，部队继续向宜川进发。宜川城内接应的李瑞成、王正娃、杨重远连，率先动手，与守军展开激战。侦知谢子长等率部前来包围，驻防宜川的康代旅长望风而逃。起义军顺利攻克宜川。这时起义部队共达 1700 余人，长短枪 3000 余支，辎重弹药近 300 驮，实力相当雄厚。

夺取宜川后，领导层中对起义后的行动方向产生争论。唐澍、谢子长主张打出革命红旗，把部队驻在离城 15 公里、有重要军事价值的交里镇，李象九坚决主张驻守宜川。

不久，敌人从容调动了 6 个营的兵力，前来围攻。加之扩充后的起义部队成分复杂，把守宜川县城主要屏障凤翅山口的雷进财叛变。结果战斗失利，部队被打散，只有谢子长率领 1 营突出重围，退到宜川以南的韩城西庄。

12 月 30 日，起义部队公开打出了红旗，改编为西北工农革命军游击支队，唐澍、谢子长分任正、副总指挥，部队到群众基础好的清涧、安定一带开展游击战争。

沿途在宜川、交口等地发生激烈战斗，革命军寡不敌众，屡遭敌人的袭击。1928 年 1 月 20 日，部队到达陕甘交界的合水县豹子川时，只剩下 20 人左右。为了保存革命力量，唐澍、谢子长只好决定暂时分散隐蔽。

清涧起义打响了西北地区武装反抗国民党反动派的第一枪，虽然失败了，却是大革命失败后，面对白色恐怖，继南昌起义、湘赣边界秋收起义之后，中国共产党领导的又一次革命武装起义，在党的历史上写下了光辉的一页。

渭华鏖战急

1926 年年底，冯玉祥率国民军联军援陕，结束了北洋军阀对陕西长达 10 余年的残酷统治。之后，共产党与国民党左派合作组建中国国民党临时党支部，成立国民军联军驻陕总司令部，成为在国共合作基础上建立的陕西省军事民政最高领导机构。魏野畴、史可轩、杨明轩等一批共产党员分别在总司令部里担任重要职务，实际发挥领导作用。

1927 年 3 月，在中共陕甘区委的支持和帮助下，国民联军驻陕总司令部为培养政治军事革命人才，创办了西安中山军事学校。史可轩兼任校长，许权中任军事部主任兼学员总队长。学校招收学员 700 余人，分为 3 个大队，基本参照黄埔军校做法，以学习军事为主，军事、政治并重。军校中还建有中共总支委会，在师生中有一大批共产党员，组建了学员旅，这支武装力量基本上为共产党所掌握。

然而，正当全国革命形势向前发展的时候，以蒋介石为代表的国民党右派露出反共反革命的真面目，突然在上海发动四一二反革命政变，以暴力手段“清党”，大肆屠杀共产党人和革命群众。同年 6 月中下旬，古城西安也风云突变，冯玉祥开始跟随蒋介石反共。7 月，冯玉祥电令该部开赴河南前线，妄图伺机消灭这支已经“赤化”了的武装。

根据中共陕西省委的决定，史可轩拟令这支部队借机前往陕北，同清涧起义余部会合，壮大党的武装力量。当部队途经富平县时，史可轩被地方军阀田生春杀害，于是由许权中接任旅长。随后接受富平地方军阀冯子明的改编，后又改编进洛南军阀李虎臣部。1928 年，李虎臣等陕军发动倒冯战争，责令许权中旅东进，在潼关南塬与冯部马鸿宾作战。抵达前线后不久，旅部党委在战壕中决议暴动，到华县高塘镇一带，去与当地共产党的力量会合。

当时，渭华地区革命斗争形势正如火如荼。中共陕西省委发动学生和农民，打死破坏中共区委的土豪劣绅，打伤反动校长等帮凶。反动派恼羞成怒，变本加厉进行反扑，破坏渭南县中学和东关小学等中共地下组织，抓走党员和革命群众 40 余人，收缴了中共组织掌握的高塘自卫团武装。面对敌人的反扑，陕西省委决定进一步发动农民群众，在以渭华为主的陕东地区举行武装起义。

为了加强对这次起义的领导，中共陕西省委

派唐澍、刘志丹、谢子长等同志到旅部参加党委领导工作。谢子长担任营特派员兼副营长，重点加强基层工作。

5 月，渭华起义爆发。在党组织领导下，渭南东原 1000 多名群众在崇凝镇召开大会，宣布起义，成立了西北崇凝区苏维埃政府。5 月中旬，许权中旅开到华县高塘与农民起义军会合，成立西北工农革命军。全军近 1000 人，合编为 4 个大队、1 个赤卫队和 1 个骑兵分队，唐澍任总司令，刘志丹任军委主席，谢子长任军委和军党委委员兼第 3 大队队长，许权中任军事顾问兼骑兵分队队长。

起义队伍在渭南、华县地区宣传革命思想，发展农民运动，组织反霸斗争，摧毁地主武装。革命军与农民运动相结合，打土豪、建政权，很快便在崇凝、高塘周围 50 多个村相继建立了苏维埃政权。农民到处唱着："不爱银子不爱财，光爱工农苏维埃；不爱金子不爱钱，光爱人民新政权"的歌谣。革命烈火燃遍了渭华，200 多平方公里的土地上到处张贴着革命标语，响彻"打倒军阀""全部政权归苏维埃"的战斗口号。

革命形势的迅速发展，让谢子长等人沉浸在无比的兴奋中。他废寝忘食地工作，没日没夜地奔波，不是组织部队军事训练、政治学习，就是深入宣传革命道理，发动群众打土豪分田地，浑身好像有使不完的力气。地主豪绅闻风丧胆，纷纷外逃，有的逃到西安，有的逃往其他县城，未跑的争先恐后地拿着地契文约来到当地苏维埃政府门前，低声下气地央求说："我把契约都拿来了，当着你们的面全烧掉吧！"农民们一个个扬眉吐气，喜笑颜开。

渭华起义的枪声，让国民党反动派深感震惊，火速调动 1 个旅的兵力向起义军占领的军事要地塔山进攻。当地赤卫队奋勇抗击，但寡不敌众，形势十分危急，司令部命令第 3 大队迅速增援。

谢子长把裤管卷到半腿上，提着枪冲在最前，战士们端着刺刀紧紧跟随，杀声震耳欲聋，脚下的黄土被高高扬起，遮天蔽日。敌人见状吓得转身就跑，赤卫队也乘机出击，两路夹攻，很快打垮了敌人第一次进攻。

没过多久，敌人又发动了第二次进攻，偷袭革命军高塘司令部，遭到起义部队英勇抵抗。此时的谢子长正率第3大队猛攻华县县城，闻讯后立即回师夹击，敌人以为又被埋伏包围，狼狈而逃。

6月19日，陕西省主席宋哲元亲率3个师大举“围剿”，谢子长率部在高塘以东奋勇阻击，血战半日。由于敌我力量对比悬殊，起义最终失败，起义军总司令唐澍、军党委书记兼政治部副主任吴浩然、政治部主任廉益民等壮烈牺牲。

渭华起义虽然失败了，但它是大革命失败后中国共产党在西北组织的规模最大的一次武装起义，有力打击了陕西反动军阀势力，锻炼和培养了革命骨干。

渭华起义失败后，谢子长被全省通缉，在西安难以藏身，于是受党组织委派，回陕北继续开展武装斗争。

兵运宁陕间

清涧、渭华起义失败后，党在陕西掌握的武

装力量丧失殆尽。根据中共陕西省委指示，幸存的骨干力量被派往陕北继续从事军事活动，谢子长和刘志丹就是在这样的背景下来到宁夏平罗的。

此时驻扎平罗的是苏雨生部，其第 9 旅旅长石子俊也曾在井岳秀部下当过连长，早年就和谢子长相识。谢子长来到平罗后，石子俊极力向苏雨生保举，盛赞谢子长的人品和才干。苏雨生的参谋听说要推举谢子长，马上就劝他说：“谢子长是陕北有名的共产党，怎么能用这种人呢？”

苏雨生愣了一下，不以为然地说：“我管他是不是共产党呢，只要能把兵带来就行！”其实苏雨生这个人鬼得很，他心里想：要是谢子长来了没本事，巴不得把人交出去，还好邀功领赏；要是他谢子长真能一呼百应，到时候我兵强马壮了，再把人交出去，岂不是公私两便？

谢子长见到苏雨生，向他讲述了革命发展的态势和西北各派斗争的局面，提醒千万注意马家军的动向。苏雨生是个只知招人拉枪、扩张地盘的莽夫，原来只听闻谢子长军事有两下子，此番面谈，听他细说周边形势入情入理，不禁连连佩服。于是对谢子长增加了几分器重，给他许了一个第 11 旅旅长的头衔，让他自己设法扩充队伍。

但鉴于谢子长毕竟是被到处通缉的情况，狡猾的苏雨生讲了个条件，让谢子长暂且不用自己的名号组建新旅，而是以石子俊第 9 旅副旅长名义招募。谢子长考虑一是这样不用担心再被通缉；二是奉省委命令，可以伺机在此发动起义，于是便答应下来。在第 8 旅、第 9 旅的枪支弹药支援下，谢子长马上就大刀阔斧地干起来了。

那时，谢子长旧部和石谦、李象九余部散失回陕北或安定的有近千人，他们当中没有不知谢子长、不愿听谢子长指挥的。有些已经流落到民团或井岳秀各部，只要以谢子长的名义，或谢子长派人去找，都愿意回来。很多连人带枪出来，或作内应起义，带着队伍投奔谢子长。

与此同时，中共陕北特委得到谢子长在苏雨生部站稳脚跟的消息后，便动员陕北的一些党、团员和革命青年到谢子长旅去当兵。很快，谢子长就组建起 3 个连。不久，谢子长又把陕北来的共产党员四五十名，组成一个学兵队，由第八旅 15 团副团长张东皎任队长，进行革命教育和军事训练，暂属第 15 团，以积蓄革命力量。

党在这个学兵队中还成立了支部，张秀山任书记，发展了高鹏飞、杨林、曹盛荣等一批新党员，培养了贺晋年、黄育华、李树林等骨干。这些新同志后来很多都为革命作出了杰出贡献。1930 年春，平罗的工作初见成效后，谢子长又返回庆阳和陕北地区发展兵运。

此时恰逢中原大战爆发，苏雨生部奉命开往河南参战。部队走到宁夏固原时，传来前方兵败消息。固原当地军阀担心苏雨生部留居会被侵吞，突然发动袭击。苏雨生部仓促应战，溃退到中宁县宁安堡，准备取道北上，重返平罗。宁夏军阀马鸿宾担心苏雨生部回来之后对其不利，即派人半路阻击。第 8 旅旅长谷莲舫、第 9 旅旅长石子俊见机脱离了苏雨生部。苏雨生只好带其余部移至陕西彬县，接受了杨虎城的改编，谢子长所招 3 个连和新组建的学兵队只得随第 15 团开到靖远驻防。

平罗兵运虽然失败了，但谢子长留下的学兵队在以后的兵运工作中起了重要的作用。

谢子长和刘志丹很早就预判到苏雨生会与马鸿宾发生冲突，于是在平罗工作初见成效后即赴庆阳等地招募新兵，新建武装暗中与自称民团军总司令的庆阳地方武装谭世麟部挂靠，以便“借水养鱼”。

苏马开战后，这一武装顺势编入谭世麟部。谢子长任陇东民团清乡司令部第3团团长，刘志丹任第1营营长，团部和营部均设在三道川。后来，谢子长在平罗时派出的兵运工作队阎红彦、雷恩均拉来土匪武装周维祺一个营，辗转找到谢子长，编为第2营。

同时到三道川驻防的还有土匪出身的小军阀张廷芝，他是井岳秀骑兵团团长张鸿儒的儿子，原来也在苏雨生部。苏雨生溃散后，他的旧部被苏雨生余部裹胁至宁夏下马关。张廷芝本人无处栖身，于是也来投靠谭世麟，谭为其许诺一个直辖第2团的空架子，让其招揽旧部，其团部也驻在三道川。

谢子长、刘志丹完成部队整编后，应谭世麟请求，刘志丹带杨树荣等几名共产党员，前往庆阳城的陇东民团军司令部，“帮”谭世麟整训民团军。谢子长则率领新组建的部队在三道川加紧整训，准备发动起义，建立革命武装。

张廷芝是个反复无常、心狠手辣的坏家伙。看见周维祺的第 2 营人多枪好，便起了吞并这支武装的心思。于是对周维祺又是送快马，又是给大洋百般笼络，还将其妹妹许配给他。三计齐施，很快把周维祺搞得鬼迷心窍、神魂颠倒。

张廷芝吞并周维祺部的险恶阴谋谢子长很快就有所察觉，他多次提醒周维祺。周维祺不顾反对，执意带领部属和 15 名骑兵，随张廷芝前去宁夏下马关，帮其收罗旧部。结果，折返路上，途经三边安边堡时，张氏父子以庆功洗尘为名，合谋上演“鸿门宴”，席间缴了周维祺等人的枪械，并予扣押。

紧接着，张廷芝又派百余骑兵直扑三道川，将周维祺营（70 多人枪）全部缴械，并趁势突袭谢子长团部和刘志丹第 1 营。谢子长因穿着朴素似百姓，未被敌兵认出而巧妙脱险，刘志丹恰巧不在，也躲过一劫。但是谢子长和刘志丹辛辛苦苦搞出来的一支革命武装，尚未打出红旗，就被反动势力搞垮了。

谢子长回到保安，与从庆阳返回的刘志丹会合后，结伴前往绥德、米脂一带，寻找中共陕北特委。

03 败不丧志

成立同盟军

1930 年，经过中原大战后，冯玉祥、高桂滋、孙殿英等及阎锡山旧部溃退山西境内，各自掠地自保，大小军阀勾心斗角，内部矛盾十分尖锐。山西劳苦大众在阎锡山的长期统治下，受尽欺压剥削之苦。军阀混战，更加重了人民经济上的负担。苛捐杂税多如牛毛，再加上散兵游勇的抢劫勒索，使山西人民处于水深火热之中。各路军阀为了筹集粮饷，对老百姓的敲诈勒索日益苛刻，致使民不聊生，怨声载道。

中国共产党利用这一时机，在原有基础上进一步发展党的组织，在群众中进行宣传，引导群众有组织地进行革命斗争。吕梁山区山峦起伏，地形险要，有利于开展游击战争，是建立武装的好地方。中共山西省委决定，在吕梁山区建立一支由党直接领导的工农武装，开展游击战争。杨重远、拓克宽等奉山西省委命令先后到汾阳、离石、柳林一带开展创建游击队的准备工作。不久，中共陕北特委先后派阎红彦、白锡林等到吕梁，参与创建晋西游击队。

这时，活动在吕梁地区黄河沿岸的杨琪、师储杰两支“土客”保运武装，因受到国民党军队的追剿，请求与晋西游击队联合行动。晋西游击队队委会研究，为争取和改造他们，在接受“听从红军游击队的领导、不抢穷人、不强奸妇女”等 3 个条件后统一行动。鉴于他们还不具备加入红军的条件，为统一指挥，暂将“土客”保运队编为陕北支队。晋西游击队和陕北支队在特委领导下，发动群众，扩大武装，打了不少胜仗，迅速发展到 300 多人。

部队一边战斗一边向陕甘边转移，迫切希望找到谢子长、刘志丹。1931 年 10 月，终于在甘肃省合水县南梁堡与刘志丹会合。不久，谢子长奉中共陕西省委的指派，经平凉来到南梁，领导这支部队。

谢子长、刘志丹两位老战友重逢之后，高兴得几个晚上都没睡好觉。他俩挤在南梁窑洞的一个炕头上，聊起这几年搞兵运的经历，不禁感慨万千，在创建革命武装、开辟革命根据地等诸多问题上取得了一致意见。

在此基础上，晋西游击队队委会进行了改组，成立了由谢子长、刘志丹、阎红彦、杨重远、胡廷俊、白锡林等组成的新队委会，谢子长任书记。随后，谢子长主持召开扩大的队委会会议，总结晋西游击队的经验，研究今后的指导思想和行动方针。

会上，谢子长说："同志们，晋西游击队转战晋、陕、甘，艰苦战斗很不容易；陕甘边的同志们，保住并扩大了革命武装，也很了不起。我们今天的形势，是无数同志流血拼命，好不容易才争取得到的，大家有没有想过，我们怎样才能保持住现在的局面？为什么以前我们就很难站住脚，生存不下来？"

大家七嘴八舌说起来，“以前缺粮么”“打散了常常连人都找不见”“手里家伙不好使嘛”“还不是老是被人暗算！”

……

谢子长说：“大家讲得都在理，可是怎么晋西游击队和南梁的同志这次都发展起来了？”底下一时竟无人应答。

谢子长接着说：“同志们，我们得有根据地，没有巩固的根据地，便无从站脚。筹到粮食留不住，大家没个落脚处，闹了农会就走，老乡们也不敢相信我们、支持我们，对不对？”

“对对对！”会场上响起一片赞同声。

谢子长讲起毛泽东、朱德在井冈山的胜利，为大家分析起建立革命根据地的重要性，进而提出以桥山中段南梁地区为中心，进一步巩固发展根据地。

“还有就是，我们也要像晋西游击队那样，努力扩编红军，建立我们党领导的武装。以后我们就得打定红旗了，绝对不再投靠别人，坚决开展游击，跟敌人斗争到底！”

谢子长的发言，得到队委会大多数同志的支持。但是也有人不同意这个主张：“目前红军力量还很小，打起红旗目标就大，敌人马上就围过来要消灭我们！”也有的认为：“找个军阀挂上名，不但粮饷什么都有了，而且不用担心被围攻。”

为了说服持不同意见的人，谢子长进一步分析了西北的形势，强调了红军在陕甘边地区能够存在的理由：一是陕北和陕甘边党的基础和群众条件很好，对红军有认识；二是南梁地处陕甘两省交界，地域辽阔，山大林深，便于迂回，敌人统治薄弱，又有军阀之间的矛盾可以利用；三是井冈山道路为我们树立了光辉榜样，提供了宝贵经验，指明了方向；四是有晋西游击队这支革命武装力量，为陕甘游击武装的建立提供了可靠的基础；五是晋西游击队转战晋陕甘，经历了艰难曲折的战斗历程，不仅保存下来，而且有所发展，充分说明打起红旗，红军才有强大的生命力；六是我们有过利用国民党军阀的经历，但每次都得到血的教训。实践证明，我们在利用敌人，敌人也在利用我们。敌人只在一定限度内允许我们存在，一旦超出这个限度，他们就杀我们的人，缴我们的枪！

经过充分讨论，大家基本统一了思想。不久，省委军委书记李杰夫与荣子卿一起来到南梁，带来了省委同意打出红旗的指示，但又要求部队向南转移，到平原地区建立根据地。根据九一八事变后民族矛盾上升为主要矛盾、全国抗日民主救亡运动高涨的新形势，省委决定暂时成立西北反帝同盟军。

1931 年 12 月底，在甘肃宁县柴桥子，西北反帝同盟军正式成立了，谢子长任总指挥，刘志丹任副总指挥，下辖 2 个支队、2 个直属队。

此后，中共陕西省委送来一批学生参军，三原县和旬邑县也动员了一批农民群众。在谢子长和刘志丹的领导下，反帝同盟军积极开展抗日救国的宣传活动，他们散发传单，张贴抗日标语，同时积极开展统战工作，号召西北所有的武装部队联合起来，共同抗日救国。在西北反帝同盟军影响下，陕甘地区具有爱国意识的国民党杂牌军纷纷派人前来商讨抗日事宜，迅速地扩大了党的影响。陕甘边的斗争形势出现喜人的变化。

创建游击队

反帝同盟军成立后，部队成分复杂的问题变得十分突出。谢子长和刘志丹花了很大的精力对部队进行整顿。

当部队从新堡往北柴桥子开拔途中，在攻克宁县盘克乡任掌堡寨子后，出现了原“土客”武装抢劫民财的问题。谢子长知道后十分生气，立即枪毙了违纪人员，并借此教育部队说：“这简直就是土匪行为！哪里像共产党领导的部队！这样下去，老百姓怎么会支持你！”作风不好的“土客”武装头子师储杰风闻谢子长严肃军纪的雷霆手段，吓得连夜逃出革命队伍。

当时，极端民主化和绝对平均主义在这支年幼的部队中也很盛行。例如，有一次打了胜仗，群众慰劳了一些香烟，总指挥谢子长自己做主把香烟分给了受伤的官兵们。士兵委员会有的同志知道了，认为此事没有通过他们研究就分了，因此很有意见。

省委的同志来到部队后，带来了《古田会议决议》。谢子长和刘志丹拿到手上，如获至宝，一有空就拿出来反复学习。还利用部队驻防正宁湫头镇三嘉塬的时机，组织全体官兵学习《古田会议决议》精神，进行严守革命宗旨、严肃革命纪律、爱护老百姓等教育。

谢子长反复强调："我们是共产党领导的队伍，是为穷苦人打天下的穷人的队伍，怎么能祸害老百姓呢？咱们的弟兄们都是来自老百姓，再去伤害老百姓，这种队伍能不烂下去吗！老百姓就是我们的爸和妈，谁要是糟蹋老百姓，谁就是糟蹋我们的父母，决不轻饶！"

经过近 1 个月的整顿，反帝同盟军纯洁了队伍，严肃了军纪，坚定了信心，增强了斗志，提高了作战能力，密切了官兵关系、军民关系，纠正了极端民主化等非无产阶级思想。此外，还在部队设立了党委会，各部增设政治委员，大队设党总支，中队设党小组，为下一步部队发展奠定了良好的基础。

整训期间，陇东军阀陈珪璋派人前往正宁三嘉塬游说，妄图收编西北反帝同盟军。未果后又派兵偷袭，谢子长沉着指挥，果断反击，很快就击溃了来犯之敌。

打退陈珪璋部，肃清成分不纯的师储杰部之后，谢子长更加清楚地看到陇东与陕北军阀之间的矛盾，这不就跟湘赣边界毛泽东在井冈山面临的形势差不多吗？于是他更加坚定了拒绝军阀收编、独立领导革命武装、组建正规革命军队的决心。

1932 年 2 月 12 日，中国工农红军陕甘游击队成立大会在三嘉塬细嘴子的一个打麦场上隆重举行。陕西省委军委书记李杰夫宣布：同盟军改编为中国工农红军陕甘游击队，由 2 个步兵大队、1 个骑兵大队和 1 个警卫大队组成，谢子长任总指挥，李杰夫任政委兼队党委会书记，杨重远任参谋长，阎红彦、吴岱峰、强龙光、白锡林等分任各大队大队长。正宁、旬邑的老百姓成群结队，抬着猪羊，吹着唢呐，前来祝贺。

新整编的 4 个大队 400 多名战士脖子上都系

着红领带，表示随时准备为革命牺牲一切。战士们全副武装，列队整齐，火红的红领带映照着寒光闪闪的刺刀、长矛、大刀，在阳光照射下显得格外威武雄壮。

旬邑县委代表第五伯昌向游击队授旗，谢子长大步迈向主席台，他精神抖擞、神情庄重，接过红旗，双手一扬高高举过头顶。大风吹卷，红旗招展，整个会场顿时沸腾起来，欢呼声、口号声惊天动地。大会在雄壮的《国际歌》声中胜利结束，谢子长被紧紧地包围在欢乐的人海中。

游击队一成立，便按照毛泽东的建军原则，实行军事、政治、经济三大民主，执行“三大纪律、六项注意”，还成立士兵委员会，实行官兵一致。谢子长等还专门给指战员讲解“十六字方针”，讲解集中优势兵力打歼灭战，不打无把握、无准备之仗等游击战的战略战术。

短期训练后，部队军政素质显著提高，指战员团结一致，斗志昂扬地投入到轰轰烈烈的斗争中。当地穷苦百姓很快传唱起歌颂谢子长和刘志丹的信天游：

中华民国廿一年，

红军起首三嘉塬，

谢浩如（子长）、刘志丹，

锦章、细嘴子扎营盘，

打土豪、分田地，

领导穷人把身翻。

立威阳坡头

竖起红旗后，游击队的声势很快壮大起来，“谢子长、刘志丹在南梁这里闹革命了！”方圆百里的老百姓一传十、十传百，陕甘边上失散的革命者马上重新聚集起来，战士们厉兵秣马、摩拳擦掌。反动军阀、反动政府暗暗心惊，调动部队企图扑灭革命火种。

形势的新变化，谢子长心里早有预料。是坐以待敌，还是主动出击，许多人心中一时还没有主意。“同志们，我们的队伍终于又拉起来了，是时候和敌人算算老账了！”谢子长斩钉截铁地说。

游击队成立的第二天晚上，就主动出击攻占了职田镇。骑兵在镇子周围逮捕了反动区长和民团头子，捣毁了敌区公所，捉来不少土豪，被警卫大队押着在街上来回游了好几趟。谢子长领导游击队立即发动群众，开仓分粮，成立农民协会。当众烧了区公所的文书、账本、地主的契约，火苗蹿起一丈多高，穷苦百姓真是扬眉吐气，奔走相告。

突如其来的行动让敌人恐慌不安，旬邑军阀部队急忙调来一个营，纠集旬邑、彬县、长武 3 县民团，总计千余人向职田镇扑来，扬言要一举荡平这里，活捉谢子长、刘志丹。

嚣张的敌人不知道谢子长早就安排有关同志打入敌人内部。先头部队中有个连长叫李明轩是中共地下党员，开战前曾帮助游击队用牲口换来了旬邑敌军的几箱弹药。他还事先派人给谢子长送来一封信，将敌人的作战部署都告诉了游击队。谢子长得信以后，抓住战机，当即命令部队连夜撤至职田镇以东 10 公里的阳坡头，占据有利地形，埋伏起来。

第二天拂晓，愣头愣脑的敌人还一直往职田

镇冲。到了职田镇，发现居然连一个人影都没有，有的只是贴满街道、院墙的游击队标语："消灭打骂士兵的樊营长""枪毙克扣军饷的樊营长"。敌营长火冒三丈，找来几个狗腿子一打听，才知道游击队去了阳坡头方向。敌营长立马就像打了鸡血一样亢奋："赶快出发，目标阳坡头，全速前进！"

临近阳坡头，李明轩翻身下马，轻手轻脚挤进人群，改牵着马步行。士兵们很诧异，问他说："连长，你怎么放着马不骑？"他故意缩头缩脑，伸手半掩起一个士兵的耳朵说："打红军可不是闹着玩的，红军神出鬼没，个个枪法了得，骑着马一看就是当官的，头一个就被撂倒！"听罢此话，耀武扬威的匪兵顿时没了嚣张气焰，一个个缩起头来，小心翼翼地向前摸进。

靠近阳坡头，黑压压的敌人从西面扑来。谢子长指挥部队迅速从隐蔽的土坎中跃出，向敌人发起猛烈攻击。只见他撸起袖子就往前冲，身后的战士如同下山的猛虎冲进敌群。敌人眼见红军这么勇猛，又惊又怕，但是仗着人多武器好，一些亡命之徒还是咬着牙蜂拥而上。

两支队伍撞到一起，马上开始激烈交火。这时，郝金标、强龙光几个战士集中火力扫射敌人，先头的一排敌兵应声而倒。接着迂回部队从侧后杀入敌阵，敌军又是一阵大乱。李明轩借机上马掉头就跑，边跑边喊："红军压过来了，要活命的赶紧跑呀！"在他带动下，整连的敌兵转身就跑，其余的敌人一看大势不好，连忙跟上争相逃命，只恨爹娘少生了两条腿。

游击队的指战员们以一当十、以十当百，个个精神抖擞，提着枪就往前追，一直追到旬邑城前。一仗下来，共歼敌 300 余人，缴获了不少枪支弹药。首战阳坡头，大大振奋了游击队的士气，打击了敌人的气焰，鼓舞了人民的斗志，迅速扩大了红军的影响。

此后，谢子长率领部队从旬邑的清水原南下耀县照金镇，沿途消灭了一部分民团，来到通往韩城的交通要道——柳林的香山庙。谢子长在这里主持召开队委会议，总结作战和发展群众工作的经验，讨论省委要求南下关中向平原发展的指示，并结合自己的实际情况和特点，提出在山区建立革命根据地，坚决走毛泽东开辟的井冈山道路。

1932 年 2 月底，游击队离开香山庙，东跨桥山，在焦家坪包围了宜君县民团。先头的骑兵队趁着夜色冲了上去，30 多个民团团丁衣服都没穿齐全，就被消灭了。

纵横陕甘边

正在这时，原先准备收编游击队的陇东军阀陈珪璋，在兰州被暗杀。陕军趁机发动对陈珪璋部的进攻，陈部主力一触即溃，残军到处流窜祸害百姓。其警卫团给正宁县百姓强派军费达数万元之多，并限期交清，激起正宁县百姓的强烈反抗。与此同时，党内“左”倾教条主义错误的阴云渐已笼罩陕甘高原，省委派来担任政委的李杰夫反复向谢子长施压，要求游击队以城镇为中心进行暴动，首先攻克一个县城。恰逢此时收到正宁百姓的求援，谢子长于是决定攻打正宁县县城所在地山河镇。

山河镇位于一块狭窄的小平原上，东西北三面都有高而坚固的城墙，南面是一条深沟，易守难攻。镇内驻有两连步兵，虽是残军，但配有迫击炮等重武器，装备精良，是块难啃的硬骨头。

谢子长先是和打入城内的 20 多位中共地下党人员取得联系，然后即率游击队从桥山中段的黄陵县出发挺进山河镇。因夜间行军，向导失误，游击队不慎迷路，未能按事先约定的黎明时分到达城下。城内准备接应的战士不敢轻举妄动，但心急的联络员不小心暴露，被捕杀害，城内接应的同志全部被缴械。原计划前来接应的农民因豪绅阻挠也未及时赶到，联合行动成了孤军作战，夜晚偷袭变成了白日攻坚。游击队猛攻一天不克，谢子长即令撤退，伺机再战。

当晚，谢子长在西坡村召开队委会会议，研究决定：陕甘游击队开赴正宁县南的寺村塬（又称南塬）一带，开展游击战争，打击土豪劣绅；将自行武装起来的群众，改编为赤卫军，配合红军游击队进行武装斗争；以寺村塬为中心，发动群众，建立红色政权，实行武装割据，开辟革命根据地。

1932 年 3 月 22 日，在陕甘游击队的支持下，寺村塬东起五倾塬、西至上南坡头 72 个村庄的 500 多名农民代表在新庄子集合，72 名代表选举 15 人成立了寺村塬革命委员会（又称陕甘边区革命委员会）。寺村塬革命委员会的成立，标志着西北地区第一个红色政权诞生，它是西北最早的一块革命根据地，开创了建立陕甘边乃至西北革命根据地的先河。

委员会积极领导农民开展土地革命，发动和组织群众打土豪、分田地，没收地主的粮食、牛羊、浮财分配给穷苦农民，镇压豪绅恶霸，开辟建立了东西 50 公里、南北 25 公里的红色区域。

此前强攻山河镇未果，谢子长下令撤退，李杰夫狠狠地向省委告了一状。省委命令一道接着一道，来信指责得越来越重，李杰夫也嚷得一天比一天凶了，无奈之下，谢子长只好组织再攻山河镇。

这次，西坡、山河、永正、永和、罗川、湫头等千余名赤卫军和群众闻讯后，拿起大刀、长矛，争先恐后都来配合作战，把镇里敌人的两个连团团围住。谢子长先是派警卫大队围住东关，随后又让高岗带领第2大队围住西北面，南面也派人伺机围困。看到部队把敌人围得紧紧的，群众心里十分高兴，他们每天按时给游击队送饭送水。

战斗打响了，枪炮声、喊杀声震耳欲聋。镇里的守军见突围无望，只好做困兽之斗。围了整整一天，眼见镇子马上就要攻下来，庆阳西峰方向的敌人突然向山河镇增兵。此时的游击队因城镇作战经验不多，不少骨干被敌人的冷枪打死了。

第二天，外围敌人的一股骑兵突然打了进来，西北面围困的游击队一下子没有顶住。吴岱峰大队的战士们立即顶了上去，敌人见讨不了好，拍马就跑。白锡林、神枪手郝金标几个人发现敌人钻进了一家老百姓的院子里，迅速冲上去把敌人堵在院子里。战斗打得十分激烈。郝金标一枪一个，撂倒了不少敌人。白锡林一会儿挥舞大刀，一会儿端起长枪，打得几近力竭，敌骑兵人马死伤不少。眼看逃跑不成，狡猾的敌人玩起了诈降的诡计，年轻的战士上当受骗，被残敌突围而去。

谢子长气得咬牙切齿，次日一早，他就率领一部抢占高塬坎口，准备隐蔽阻击溃败之敌。战斗打响前，谢子长下令：“敌人不到30米不准打枪！”不一会儿，敌人的马队远远而来，指挥官骑着一匹高头大马走在最前头。有两个老兵枪法很好，一个说：“我一枪保证把那个狗官打下来。”话没落音，他已经扣动扳机，“砰——”的一声，远处的敌人指挥官一个倒栽葱掉下马来。谢子长见他一枪就把敌酋放倒，又惊又气又高兴，只得趁势下令“冲锋！”敌人一时被打得人仰马翻，在山沟里挤成一团。

指战员越打越猛，敌溃不成军，哭爹喊娘，只能夺路逃窜。战士们一路追杀，一直打到正宁城下，缴获了几十匹好马，还有不少枪支武器。

二打山河镇虽然取得一定胜利，但因当时游击队缺少攻坚武器，守敌依托坚固城堡负隅顽抗，部队伤亡也比较大。慎重考虑之后，谢子长冒着被省委进一步指责的风险，下令停止攻城，撤回寺村塬。

返回寺村塬的游击队还没来得及喘口气，中共陕西省委又令游击队继续南下，向平原地区前进。

4月20日，游击队接到地下党组织报告，旬邑县守敌只有两个连及部分民团，且防守不严。谢子长心想，旬邑守敌见刚刚两次攻打山河镇未果，决计不会料到游击队敢前来偷袭。于是当机立断，奇袭旬邑。当晚，谢子长率领游击队急行五六十公里，天未擦亮已达城下。攻城战斗异常顺利，罪恶的反动县长和警察局长被当场处决，全队上下欢声雷动。

靖远搞兵运

谢子长坚持从实际出发，拒绝执行中共陕西省委原定出击关中平原的计划，留在陇东一带发动和组织群众，开辟革命根据地。为此，李杰夫非常恼火，经常给省委告状。没过多久，省委书记杜衡就亲自来到部队。到达当晚，杜衡便召集队委会开会，让谢子长汇报工作。

谢子长刚讲完，杜衡脸一黑就开始批评："中国革命的运动高潮已经到来，你不知道吗？"

谢子长一愣，正要回答，杜衡又接着说："现在的形势是，遍及全国的灾荒和军阀的连年战争让国家经济已经濒临破碎，帝国主义瓜分中国的进程愈演愈烈，全国工农士兵的反击斗争全面展开，工农红军与苏维埃运动的形势猛烈发展。省委多次指示你们，革命的大风暴即将到来，中央的精神是争取中心城市的首先胜利。可是你们都在干什么？”

杜衡的话说得越来越快，情绪也越来越激动：“你们拒不执行省委关于攻打大城市、在平原地区建立根据地的指示，整天钻山进沟，游而不击。这是严重的逃跑主义、流寇思想、梢山主义！是严重的右倾机会主义路线！山沟里怎么可能有马克思主义！游击队在这种穷乡僻壤有什么前途！你谢子长身为总指挥，带头违反党的指示，攻打山河镇擅自撤退，你知道……”

一些同志实在听不下去了，忍不住替谢子长解释：“阳坡头战斗老谢不是就打得蛮好的嘛”，“山河镇打不下来是有很多原因的，不能把责任全推在他身上呀”，“游击队成立以来，成绩还是主要的啊！”

“啪”一声巨响，只见杜衡一掌拍在桌子上，大声制止说：“都瞎嚷嚷什么！”

谢子长强忍着满肚子的委屈对大家说："大家不要激动，多听听批评意见对我们有好处。"

看到大家又安静下来，杜衡接着讲："谢子长拒不执行土地革命的任务，不扩大红军和苏维埃根据地，对敌军采取退让不进攻的态度，这是对党不可饶恕的罪恶。鉴于你屡次违反党的决议，错误严重，省委决定撤销你的总指挥职务，派你前往甘肃从事兵运工作！"说话间，他又狠狠地扫视一圈，猛一挥手，"散会！"留下满屋子的参会者和错愕的谢子长扬长而去！

随后，陕西省委任命刘志丹为陕甘游击队总指挥，李杰夫为政委，杨重远为参谋长。

离开陕甘游击队，谢子长同焦维炽一起从西安动身，来到甘肃定西北部的靖远县。此时驻防靖远的国民党部队，是之前谢子长在宁夏平罗搞过兵运的苏雨生部第 8 旅、第 9 旅，来到靖远后被合并改编为雷中田部新编第 8 师 3 旅。苏部溃散时，学兵队张东皎等同志和谢子长所招 3 个连中不少党员随队行动，所以第 3 旅中有很多共产党员，尤其是在王子元团。后来该团被扩编为警备第 3 旅，党员发展到近百名，其中连以上军官中有 30 多人是党员，旅部有一部电台，也由我党同志掌握。

因为部队中许多人都认识谢子长，所以谢子长在靖远只能秘密活动。1932 年 4 月 30 日晚，谢子长召集地下党同志张东皎、张秀山、石子健、苏醒民、焦维炽等开会。经过多次讨论，最后决定在王子元旅发动起义，然后带领起义部队东进和陕甘游击队会合。

5 月 3 日，作为起义的一项准备工作，党组织从士兵的切身利益出发，组织各团营连代表，向王子元要求发放被服、菜金。斗争取得完全胜利，提高了我党同志的威信，在广大官兵中产生很大影响。

正当起义紧张筹划时，王子元听到风声，即将先暴露的张东皎、王儒林等人扣押，并缴了王儒林营和执法队的枪。第 1 连排长、党员张秀山得知后立即报告了谢子长。谢子长召集其余同志，研究后决定马上行动，把能带走的部队都带走。

结果行动时，因趁夜行军通信不便，谢子长等负责接应的同志与起义部队失去联络，部队被追兵打散了。

靖远行动失败后，谢子长即赴兰州开展兵运。这时，他的老师、原榆林中学校长杜斌丞，正在甘肃省宣慰使孙蔚如处任秘书长。杜斌丞介绍谢子长认识了同情革命的西安绥靖公署驻甘行署主任、新1军军长邓宝珊，于是得到武器装备方面的大力支持，谢子长深受鼓舞，又同王子元旅及陕军第17师中的党员同志秘密联系，筹划二次起义。

恰好这时，王子元派其旅部特务连连长、杜斌丞之子杜鸿范来兰州领取一批军火和被服物资。听到这个消息，谢子长当即决定争取杜鸿范支持，借机建军。杜鸿范慷慨表示："行！我也不回靖远了，跟你们上山打游击！"

谢子长即带领兰州联系到的五六十名同志，连同杜鸿范带领的士兵共70余人，乘羊皮筏子顺黄河来到水泉堡。这个水泉堡位于靖远城东北45公里处，是宁夏甘肃交通要道上的一个古镇。5月30日正式起义，队伍有200余人，打出了"陕甘红军游击队"的红旗。谢子长任总指挥。

王子元闻讯，即派一个营的兵力前来"围剿"。

谢子长率队与之血战，击毙敌营长周维帮，但因寡不敌众，游击队也遭受了很大损失。水泉堡战斗后，起义部队缩编，边打边向陕西方向转移。随后，谢子长接到省委通知，要他回西安汇报工作，只得离开部队。后来，这支游击队发展到 400 多人，途经甘肃宁夏边界时，与宁夏军阀马鸿宾主力遭遇激战，损失惨重，只得化整为零，潜伏活动。

靖远兵运虽然没有取得直接胜利，但经过几次起义和与起义部队的战斗，王子元的部队基本上也瓦解殆尽。

重任总指挥

杜衡把谢子长赶出游击队后，继续强行推行“左”倾教条主义错误。他把部队分为第 3、第 5 两个支队，分头南下活动，执行到平原地区建立根据地和攻占城镇、大城市的任务。随后，根据省委指示，为统一指挥，粉碎敌人进攻，任命刘志丹为游击队总指挥兼第 3 支队队长，李杰夫为政委。1932 年五六月间，游击队遭到敌重兵追剿堵截，后转战黄陵、宜君、洛川、宜川、韩城地区，临镇、韩城几次战斗失利，游击队损失惨重，幸得刘志丹灵活指挥，才打了几次胜仗，甩开了敌人的“围剿”。五月中旬北上撤到宁县麻掌子时，队伍已由千人减员到 200 多人。这时，队委会发生了“南北分家”的争论。李杰夫等人提出愿南下的南下到三原一带，愿北上的北上。正在这个关键时刻，阎红彦带队赶来，他据理说明游击队不能分家。最后大家统一了意见，并选举阎红彦为游击队总指挥。6 月 13 日，陕甘游击队在三原武字区“扩红”，3 天内近百人报名参加。

正当阎红彦大力组织开展游击活动时，陕西省委又派李艮担任游击队政委，继续执行“左”倾路线，并在军事上盲目指挥，致使游击队三战皆败，造成重大损失，原先 400 人的队伍只剩七八十人。一次全队大会上，李艮讲话开口就说：“部队没有打胜仗是右倾错误在作怪……”一句话没说完，底下就轰动了。

骑兵大队大队长杨琪“噌”的一声站起来，声泪俱下地指着李艮质问：“还说是右倾作怪，看你把部队搞成啥样了。”许多指战员也纷纷站起来责问。李艮一看引起公愤，吓得连忙躲到屋里不出来。不少人说，“要是老谢在，也不会把事情闹得这样糟”“要是老谢回来领导部队就好了”。在这种情况下，省委只好被迫调谢子长重回游击队，担任总指挥。

1932 年 8 月底，谢子长重回游击队，受到大家热烈欢迎。此时敌人分路“围剿”陕甘游击队，企图将红军歼灭于照金地区。谢子长与刘志丹、阎红彦、杨重远等游击队的负责人商议，决定采取“避实击虚、以退为进”的作战方针，将部队带进照金一带山区。

9 月 11 日，富平、铜川、耀县 3 县民团 400 余人逼近照金。谢子长率部后退，诱敌进驻照金，然后带领部队连夜回戈，于第二天绕到照金北山，居高临下杀了个回马枪。在大雾中激战一个半小时，全歼进入照金之敌，缴获全部枪支弹药，敌 3 县民团总指挥胡景铨、副总指挥党谢芳、耀县民团大队长柴志发等被当场击毙。

9月14日，谢子长又将部队埋伏在照金西南的安子洼。15日，敌贺高侯团向照金进发时，游击队利用有利地形，出其不意发动突然袭击，将1000多名敌人全部击溃，一举粉碎了这次“围剿”。

由于中共陕西省委坚持要在平原建立根据地，致使游击队未能建起巩固的后方，给养等许多问题得不到有效解决。为解决过冬问题，部队曾试图攻打保安县城，但碍于敌人兵力强大，又占据有利地形，部队作战失利，只好退居人烟稀少的平定川、瓦子川一带，住在荒山上的破窑洞里。

谢子长和刘志丹、阎红彦等商量后，决定按照井冈山的斗争经验，分兵发动群众，广泛开展游击战争，发展革命力量。刘志丹率一个大队到甘肃合水一带活动；阎红彦、杨重远率骑兵大队到照金、耀县一带游击；黄子文、杨森等率一部分战士到三原一带活动；谢子长带30多个老战士和一些伤病员留守，一面负责与陕北特委联系，一面指挥整个游击队作战。

留守部队条件特别艰苦，经常缺吃少穿、无医无药。谢子长与战士们一起外出背粮、打柴、碾米、放哨、抬伤病员，给伤员洗伤口，嘘寒问暖。有时筹集到少量新被褥、棉衣，谢子长总是把这些东西让给伤病员，自己却穿着破棉袄，常常蜷缩在火堆旁过夜。

经过 1 个多月的分兵活动，游击队终于渡过了难关，物质条件有了改善，还将一部分款项支援了北方局。1932 年 12 月，陕甘各路游击队在合水县会合，谢子长、刘志丹、阎红彦率领红军南下淳化、照金地区，准备开辟新的革命根据地。

抗日去前线

1932 年 12 月 18 日，杜衡再次来到游击队，宣布谢子长、刘志丹、阎红彦、杨重远等执行“右倾机会主义”“逃跑主义”“土匪路线”，决定开除 4 位同志的党籍（后经省委查明，撤销了这个错误决定），并全部调离部队，到上海中央局“受训”。谢子长、阎红彦据理力争，并以革命利益为重，一再要求将刘志丹、杨重远留在部队工作。谢子长和阎红彦被迫离开陕甘。12 月 24 日，陕甘游击队改编为中国工农红军第 26 军 42 师 2 团。

谢子长、阎红彦在中共上海中央局特科受训结业后，中央局开始是准备留他们在保卫部工作。谢子长深知，这个决定表明了中央局对自己的了解和信任。但考虑到自己是北方人，又一直在西北和华北地区活动，熟悉北方局工作，于是提出了回北方工作的建议。中央局尊重他们的意见，派其到张家口开展抗战工作。

1933 年 5 月 26 日，在中国共产党的推动和组织下，爱国将领冯玉祥、吉鸿昌、方振武在张家口成立了察哈尔民众抗日同盟军，向全国发出抗日通电，宣布反对国民党与日本帝国主义签订的卖国条约——《塘沽协定》，提出了武装反抗日本侵略和收复失地的口号。为了加强党对热察前线及抗日同盟军的领导，中共河北省委成立了以柯庆施为书记的前线工作委员会，谢子长和阎红彦都以前线工作委员会委员的身份参加了前委工作。

前委成立后，经冯玉祥同意，组建了以参加清涧起义、渭华起义的陕西共产党人为主的第18师，由许权中任师长，谢子长负责党的工作（相当于政委），协助许权中指挥军事。杨晓初任参谋长，霍世杰任军需长。第18师中还有阎红彦、强龙光、王怀德、李锦峰、宋文梅、王再兴等陕西籍共产党人。

随后，前线工作委员会委派谢子长、阎红彦到包头孙殿英部做兵运工作，成功举行了“包头兵变”，拉出一个团，编为第1团，成为第18师的主力。刘振元、许权中、强龙光等也组织兵变，拉出几支队伍，编入了第18师。随后，第18师编入吉鸿昌领导的抗日同盟军。

抗日同盟军成立后，分兵3路，由张北出发奔赴抗战前线，对日作战。然而，倒行逆施的国民党蒋介石却以“妨害中央统一政令，破坏整个国策”为借口，采取各种手段破坏抗日同盟军，并从军事上对抗同盟军，日伪军也乘机分路向察省进犯，使同盟军从成立之日起就陷入国民政府军和日

伪军包围的境地。

6 月 22 日，抗日同盟军首战告捷，收复了康保。7 月 1 日，再克宝昌，敌军溃逃。同日，沽源亦告收复。

7 月 4 日，抗日同盟军乘胜向多伦进军，谢子长参加了这次激战。4 天之内，总指挥吉鸿昌亲率敢死队 3 次冲锋，才攻进多伦城。在日伪军猛烈炮火下，同盟军许多指战员英勇牺牲。强龙光也在这次战斗中英勇牺牲了。

8 月 5 日，由于国民党的阻挠破坏，冯玉祥通电“忍痛收束军事”，撤销抗日同盟军总部。同盟军在不到 1 个月的时间里，将日、伪军全部驱逐出察哈尔省境，极大地鼓舞了全国人民的抗日信心。

8 月 24 日，前委在第 2 师 3 团驻地康保县张北二泉井村召开前委扩大会议。会上，柯庆施要求部队去河北中南部建立根据地；也有人主张东去独石口与方振武会师；而谢子长、阎红彦主张同盟军与陕北红军会合。

谢子长指出：“华北一代交通四通八达，部队到那里不易立足。我感到部队到陕北与红 26 军会合比较好，那里地域辽阔，交通不便，敌人不易进攻。在那里建立革命根据地，等站住脚再向山西、河北推进。”阎红彦也分析说：“河北一带很危险，那里离敌人的统治中心太近，我们难以站稳脚跟，应到陕北去。”

然而，他们的意见并没有被采纳。最后前委决定部队开赴河北中南部建立根据地。由于这一决策失误，同盟军大部被宋哲元收编。剩余部队又贸然攻打北平，最后弹尽粮绝，伤亡惨重。谢子长随同第 18 师官兵在河北的牛栏山、昌平、大小汤山与日伪军苦战 1 个多月，死里逃生，终于回到北平。

1933 年 11 月，谢子长回陕北领导游击战争，任中共中央北方代表派驻西北军事特派员。

革命结良缘

1933 年秋的一天，谢子长从前线临时赶赴张家口。这一天，他路过中共党组织的一个秘密联络点，准备约见几个地下党的同志。多年炮火硝烟的洗礼，连日晓行夜宿的赶路，让这个瘦削的北方汉子，多少有些面色沧桑。他身穿一件破旧毛衣，精神却依然饱满。想到又要见到同志们，激动的心情让他失败的沮丧、旅途的疲惫一扫而光。

推门一看，只见里面已经坐着好多人。还没看全是些什么人，就听几个声音不约而同地呼喊道："谢子长！"

谢子长一愣，才反应过来："王怀德，怎么是你们！"原来屋里全是支援察哈尔前线许权中师的陕北同志们。

王怀德嘴巴都咧到后脑勺了，上前一步，一拳捣在谢子长肩窝上，"你怎么也来了！你看这是谁！"

谢子长顺着老王视线看过去，"唰"一下脸就红上了耳朵根儿。"祥斋，你怎么也在这里？"

尤祥斋羞得满面朝霞，正寻思这话答还是不答。

谢子长不好意思地挠挠头，只好转移话题："你们刚出来，就这么放心大胆地聚一块儿，要提高警惕，注意防止敌人的破坏呢！”

起哄的人越来越多，“怕啥呢，你别打岔！”“好不容易把你们俩都逮到了，赶紧把你们的事儿办了吧！”“你俩来回写那么多信，还等啥呢！”

细心的李馥清大姐一把拉过尤祥斋，转进小屋，就问她愿不愿意。外面的吵嚷声越来越起劲儿……

原来，尤祥斋也是名久经考验的女党员，1928年米脂妇女协进会和米脂旅外学生联合会、国民党米脂县县党部和学生联合会联合组织了一次反封建的群众运动。主要内容是反对童养媳制度，反对虐待、压迫妇女。那时候广大妇女受着重重压迫，童养媳就是廉价买来的奴隶。东街有个大地主士绅高增厚，他的老婆高吕氏虐待家里买来作妾的贫苦妇女，惨无人道。17岁的尤祥斋和其他同志决定把高吕氏作为典型，狠狠地斗她一番，来警告那些虐待妇女的家伙。

那时士绅的老婆们向来是骑马坐轿，不曾走路的，尤祥斋和妇女协会的同志们打上门去，押着高吕氏在城里游街，给她背上插上纸旗，上面写着：打倒惨无人道的高吕氏！齐河两岸真是人山人海，惊天动地。游街之后，又把她押在县政府，打了 40 大板，关了 40 天，当时的县长梁海峰比较进步，支持了这一运动。最后高吕氏保证不再虐待妇女，才灰溜溜地回家。这次斗争取得了胜利，米脂群众直呼大快人心。

有钱有势的高增厚把县长告到西安。县长梁海峰被撤职，尤祥斋等几个团体的负责人自然也要担些风险。家里人料定她凶多吉少，非常害怕。尤妈妈十分焦急，又束手无策，便不停地埋怨她闯下了滔天大祸，说咱是“头顶人家天，脚踏人家地，手无寸铁，可怎么办呀？”

正是这进退两难的时刻，尤祥斋接到了谢子长的来信。谢子长字里行间，洋溢着赞扬的激情，他鼓励尤祥斋说：“你们做得好，做得对！这是对地主豪绅的迎头痛击，又解放了女同胞。愿你永远做妇女解放的先锋和民族斗争的英雄，今后继续斗争下去，为了争取革命的成功，非常需要争取妇女的解放。我愿不断听到你们斗争胜利的喜讯！”随后，还指派了两个同志，暗中为尤祥斋脱险作了许多周密的安排。

1928 年秋，陕北革命力量的公开活动被迫转为秘密活动，组织上决定让一批同志到教育界工作做掩护，派尤祥斋到离家 15 公里远的镇川堡做教员。初入社会的尤祥斋，四面八方实在难以应付，再加上斗争的方式比较简单。因为反对罗校长而被解雇，在家无事可干，感到苦闷。1929 年春，三民二中教员郭郎亭建议她去安定县创办女校。虽然组织上同意，尤祥斋还是犹豫不决。当时她才 18 岁，未曾出过远门，又怕妈妈不放心。这时谢子长知道了这个消息，便来信教给尤祥斋许多解决问题的办法。

谢子长劝她一定要耐心地、千方百计地对母亲宣传旧社会妇女的苦处、革命妇女得解放的好处。“要有坚强的意志，远大的理想值得我们奋斗到底。”他又说：“旧社会是铜墙铁壁，没有坚强的意志，没有很多人的齐心合力，是不容易推倒的。望你反复考虑这一点。克服一切障碍，突破重重困难，为光明的未来斗争到底，光明是一定会到来的。”在他具体的指导帮助下，尤祥斋终于鼓起勇气，说服了妈妈，摆脱了家庭的束缚，打破了重重的困难，前往安定创办女校。

谢子长在当年那样困难的情况下，对女校的工作仍然很重视、很关心。他写信告诉尤祥斋，一定要注意儿童的身心健康、个性特点和心理特征等，还常常挤出时间给女校编写歌谣，如有一首宣传反帝思想的歌谣是："月儿一出上树梢，田野一片静悄悄。英日两国狗强盗，掠夺中国真不少……"还有一首儿童强身歌："太阳红彤彤，雄鸡咯咯叫。早晨锻炼身体好，谁比我们志气高！"

……

尤祥斋的思绪正飞扬间，小屋又进来好多女同志来劝她，"你应当好好考虑，百两黄金容易求，一位终身的知己不易得嘛"。眼见这么多同志都能信任他，尤祥斋只好低着头说："他对我的鼓励和帮助很大，解决了我的许多困难，使我增强了革命的勇气，坚定了革命信心，我……""哈哈，你就说你愿不愿意！"尤祥斋的头低得更低了，憋了半晌没说话，只是轻轻地点点头。

大家一下子就更热闹了，马上就要为他们办

婚礼。李馥清大姐开始忙前忙后张罗起来，十几个人一起吃了一顿饭，就算举行了简单的结婚仪式。

结婚后，尤祥斋的工作任务又增加了做饭、洗衣服、给同志们缝补衣服和袜子等，还要组织妇女救亡会，每天忙个不停。由于尤祥斋对家务事不熟悉，思想上又想不通，心想出来是革命，而不是搞这些，有时就很不高兴。

那时每天有好多人来找谢子长谈话。有时正吃着饭，就来了好几位同志，都等着吃饭，尤祥斋一时做不出来，见大家都在等着，她自己也着急，有时候吃的不够了，谢子长夫妇就一起饿肚子。有一次，同志们吃完先走了，火也要灭了。谢子长一声不响地和了一块面，笑着对尤祥斋说："祥斋，等着我给你炕饼子吃。"说着在炉筒子上烤起饼子来。

他边烤边说："不要看不起这些工作，这就是革命。这样不仅可以帮助同志们更好完成革命任务，而且能更好地团结同志。大家都是阶级兄弟，应当互相帮助，不应当想到自己吃亏还是占便宜。学会这些也是接近群众、团结群众的有利条件之一。你到群众中和他们一起干活，他们就会对你像自己人一样的……”

谢子长和同志们是那样亲密无间，他总是时刻把群众挂在心上。在这样的革命大家庭中，尤祥斋也感受到了无穷的幸福和快乐。

04

燎原陕北

重返陕北建军

1933年冬，在陕北革命处于低潮的困难时刻，谢子长受中共中央北方代表委派回到陕北，任西北军事特派员。当时，陕北通缉谢子长的风头还没过去，他在同志们的护送下回到家乡，落脚在地下党支部书记刘存元的家里。夜深人静后，他马上派人去找原来陕甘游击队的同志们，准备把他们召集起来重新建立武装，回到陕北打游击。

不一会儿，刘明山、谢绍安等几个同志就过来了。他们一见谢子长，紧紧拉住他的手，不禁热泪盈眶。刘明山一边询问分别后谢子长的活动，一边诉说谢子长离开陕甘游击队、杜衡率领部队南下失败后回到陕北斗争的情况。

原来，红 26 军南下后，部队虽然浴血奋战，但最后还是失利了，杜衡后来也被捕，成了可耻的叛徒。骑兵队队长强世清带领安定的同志们回到家乡强家湾，打死安定县县长，夺枪闹革命，建立起陕北红军第 1 游击支队，又在安定西区建立了根据地。第 1 游击支队的活动很快遭到敌人的疯狂镇压，支队长强世清和任广盛、白德胜夫妇等一些骨干惨遭杀害……

悲伤的情绪让整个屋里的空气都凝固了，同志们默默地流着眼泪，一时谁也不说话。谢子长依然和过去在陕北一样，穿着老土布棉衣和一双单鞋，消瘦的脸庞上，一双眼睛炯炯有神。他稍加思索，鼓励大家说："胜败是兵家常事。大家知道我在清涧起义、渭华暴动失败过多次，又受过党内机会主义分子的排挤，反正我总要革命！古人说'失败是成功之母'，关键是总结经验教训，继续坚持再干啊！牺牲的同志们的家里，我们多关照关照吧。"

谢子长这么一说，对大家鼓舞很大，立刻感

到浑身是劲，信心也足了。

过了几天，大家又寻回薛兰岗等原第 1 支队的 5 名同志，聚集在谢子长跟前，议论着咋样东山再起、坚持革命。

这时候，安定西区的根据地被敌人占领了，人民政权让敌人破坏了。他们重建起保甲制度，村村实行连环铺保，谁家来人都要向保长登记报告，并调重兵压境，到处搜索革命志士。在这样的白色恐怖下，谢子长不能公开在村庄里住，就带领大家白天钻山沟住土窑子，进行整训，分析社会阶层和敌我双方的情况；晚上回村子里找可靠的老乡吃一口饭，给群众宣传基本革命道理，发动群众同敌人斗争。临天明时，再搞一顿饭吃，赶天亮前上山隐蔽。有时提上一壶水，老乡给炒一点豆子、糠炒面带上，以便困难时充饥。生活虽苦，工作却很忙。

谢子长亲自动手写讲稿，专门给大家讲政治、讲军事、讲历史。他深入浅出，饶有风趣，像讲故事似的说："陕北是'藏龙卧虎'之地。'孤山出骏马'，人民历来就有革命传统。米脂的李自成、安塞的高迎祥、延安的张献忠，他们都是群众领袖，民族英雄，领导农民起来造反，直捣封建王朝。我们也要打倒反动派，建立一个新中国。”

接着，他分析说：“陕北经济落后的主要原因，是地主官僚残酷压迫剥削农民，所以穷苦农民是敢于起来反抗和斗争的。只要我们路线、方针、政策是为了人民的利益，向群众讲明白，劳苦大众是会拥护革命，欢迎红军的。”

谢子长还介绍说：“我这次到上海中央，可算见了大世面。你们大概还不知道，周恩来和朱德领导八一南昌起义，建立革命武装；毛泽东在湖南搞秋收起义，最后会师井冈山，建立了革命根据地，有好几万红军到处打胜仗，这叫农村包围城市，这个好经验，我们要学习。”他讲后，让大家讨论。大家都认为讲得好，有水平，对自己有很大的启发，可要讨论又真是茶壶煮饺子——肚子里有数，嘴里倒不出来。谢子长又谆谆教导大家：“咱们光会打仗，不会讲革命道理是不行的。一个革命者，要能文能武，文武双全，单纯有军事观点要不得呀！”

这年冬天风雪特别大，下一次就半尺深，整

个冬天背山上都披着皑皑的积雪，西北风刮得很厉害，冷到零下三四十摄氏度。就在这样的天气中，谢子长仍然住在没门没窗的山洞里，一没好棉衣，二没铺盖。自己打些野草铺在潮湿的地上，老乡给几件破老羊皮袄，算是铺盖。有时连这些也找不到，因为工作和怕敌人发现，他们经常变换住地，西区几十个大山小沟山窑洞子，差不多都住过了。

由于生活艰苦，天气寒冷，谢子长的手脚都冻伤了，指头又红又肿，耳朵流脓水，起初还能挣扎着走路，最后实在行动不便，转移时同志们就扶架着他走、背着他走。谢子长总挣扎着不要帮扶，他说："咱们这点苦怕什么？那么多的好同志都为革命牺牲了，咱们熬过严冬，就是春天，天气暖和了，就好了。"

一天，谢子长对大家说："现在我们准备工作差不多了，你们把原来 1 支队的可靠人手先寻回来，在适当的时机，把 1 支队恢复起来。"

大家一听说要恢复第 1 支队，都高兴，不知说什么好，马上派人寻来李胜堂、南贵成、崔玉虎等同志。好不容易见到谢子长，李胜堂激动地说：

“我做梦也想到你回来，今天见到你很高兴，只要我的脑袋打不掉，一定跟你干到底！”

谢子长又派几个人分头去准备：叫刘明山和崔玉虎出去抓豪绅搞经济；叫南贵成带上谢子长的亲笔信到南梁和刘志丹联系，争取支援合作；叫谢绍安继续找第 1 支队失散的干部和战士。

没过几天，派出去的人就都回来了。一队人在西区山头和深沟就这样不见天日住了 3 个多月，虽然生活艰苦，环境危险，但工作紧张，心情愉快，培训骨干收获很大。敌人闻知谢子长回到安定了，不断进行侦察和搜山。群众送信、送饭，确保大家安全无事。谢子长感慨地说：“群众是水，我们是鱼，只要和群众打成一片，就能克服困难，战胜敌人。”

1934 年 3 月 8 日晚，在队员刘海旺家的院子里，谢子长宣布：“陕北红 1 支队今天正式重建了！”大家十分兴奋。谢子长说：“根据大家的意见，李胜堂任队长，刘子清任政委，谢绍安任副队长。刘明山担任支队经济员，管理咱们的后勤财务大事。”谢子长把一块红包袱皮子剪成三角形，在上边写了

"陕北工农红军第 1 支队"，叫人缝制成旗子。

谢子长在这次会议上还讲了有关方针、政策和任务。他说:"当前的任务主要是使红 1 支队从小变大，由弱变强。兵源补充主要依靠原来的老战士，可以适当招收一些政治上可靠的人；枪弹要从敌人手中夺取。对地方上的保、乡、镇长，要打击首恶之人，未做什么坏事的要尽量争取，坚决消灭张建南营和李丕成民团。建立革命根据地是当务之急，支队要以李家岔为中心，成立人民政权，建立赤卫军、贫农会、妇女会等革命群众组织。每个同志都要会打仗、会宣传、会建立政权……"

机智斗争筹款

谢子长身材虽然不高，看上去也不是十分健壮，却有着不寻常的胆量和智慧。在开辟陕北根据地的日子里，他常常趁着夜色只身一人出没于敌人的虎口，开展群众工作和侦察敌情。

国民党军100多人占领他的家乡枣树坪后，他晚上常到离村只有一两公里远的马圈坪、张家坪、刘家圪塄和地方党组织联系，恢复和发展武装力量。很多群众都说离敌人这么近太危险了，可谢子长却说离敌人越近的地方，敌人越不相信红军敢到他们的眼皮下来活动。

一天晚上，国民党军一个姓崇的团长带着一连人住在谢子长大哥家的上院院里，还要大嫂给他们做饭。大嫂正在下院子里磨房给敌军推磨磨面，突然见到谢子长从井沟渠上来，走到磨房。大嫂吃惊地赶忙说："上院里住满了敌军，你怎敢回来呢？"谢子长却像没事似的说："正因为敌军在上院住，他们根本想不到我敢回来。"他把敌人的情况打听完后，才顺着沟渠回去了。

1934年春季的一天，谢子长一个人来到马圈坪。谢子长的儿子谢绍明（继子）在对面山坡上拦羊放哨，他小小年纪已经懂得仔细观察周围的动静，为了保护谢子长的安全，他仔细地观察着周围的动静，一点也不敢放松。8点多钟，谢绍明突然发现"狼儿子"李丕成的几十个团丁正在从庙堰则沿小路往马圈坪沟里走。谢绍明当时真着急，生怕父亲被敌人发现了，可是他不能喊，情急之下，只得让一起放羊的小伙伴玉虎看着羊，自己连滚带爬跑到了谢子长住的山窑子顶上，用尽全力往窑口扔土疙瘩。谢子长听到动静，披着件夹袄走了出来。当他知道有情况后，马上向羊群靠拢。

玉虎着急地压着嗓门大喊，“三叔您还不赶快跑，敌人已进到沟底下了。”谢子长不慌不忙地说：“现在不能跑，一跑敌人一定以为是红军，马上就会开枪。”他悄悄地数着沟里进来的敌人，很自然地随着羊群转过一个小山坡。离开敌人的视线后，才急速地往山上走去。翻山到了榆树湾沟，他立即布置游击队和这股敌军打了一仗。

第 1 支队成立不久，群众送来信说，胡家坬沟来了乡长姬占富，收粮要款，打骂群众。谢子长听后问：“这人一贯表现咋样？”群众一致说：“姬占富这个家伙坏透了。革命高潮时，躲在城里造谣谩骂红军；革命低潮时，当官镇压革命，平时吃喝嫖赌占全了。”谢子长听后，沉思了一下，果断地说：“抓起来处决了，要叫他知道我们红军的厉害。”李胜堂马上带队，把这家伙抓住，拉到山沟里处决了。胡家坬后来也成了游击队活动的中心，全村9户就有17人参加了革命，群众基础非常好。

姬占富被处决后，民团李丕成带100多人包围了村子，找不到游击队的影子，就抓走了8个老百姓，经县长审讯后，把两位群众刘志旺、惠姓娃扣押下作为人质要换回姬占富的尸体。群众向谢子长汇报了这些情况，谢子长说：“那就把这死狗交回去，换回咱的人嘛！”但群众怕出头报案，招惹是非。还是谢子长给大家想了个寻死人报案的好办法：“新县长和李丕成这个家伙最讲迷信了，让群众到李家岔老爷庙上假装求神问卦，抬着神像轿子，香炉供上，东山上、西山下，到处找，找上一整天，寻到死尸跟前，就说神仙老爷显灵了。”第二天，群众前面抬着神龛子，后面抬着姬占富的尸体，到安定县城果然顺利地把人质换回来了。

游击队重建之初，活动经费非常困难，零星打了几个土豪之后，总算略有收入。但有了这些钱，仍很困难。谢子长说：“咱们再闹个大的？”

大家很好奇：“哪里去闹大的？”

“咱们去打骆驼队！”

当时陕北一带的资本家为了做生意，都养了一批骆驼队。这些骆驼队大多与官府、军官勾结，常常走私贩卖鸦片。可是打骆驼队并非易事，他们都雇有武装，弄不好要遭受很大的损失。

谢子长却胸有成竹，他派出几路人马去侦察。这天，来人报告安边三合队的骆驼队经过附近的一个小店，问打不打？谢子长说：“打！跟我走！”

当晚，谢子长带了 10 多个人，全部换上国民党军的服装，向小店走去。骆驼队的保卫队有七八条枪，派了一个人在店门口放哨。

“干什么的？”

“查店的。”谢子长带人大摇大摆地走到跟前，问道：“你们队长人在哪里？”

“在里面。请！”

放哨的人把谢子长几个人领到屋里，保卫队的人见来了生人，都抓起手中的枪。

谢子长一看屋里剑拔弩张的架势，哈哈一笑：“都睡下，都睡下。兄弟是奉井司令的命令，专门巡查黑货（走私品），与众位无关，只请队长出来说说话。”

保卫队的人一看是国军来了，就放下心来。这都是老套路，以前经常有军队来查，做做样子就走了，最多就是查出黑货罚款没收。其他队员就放心地睡觉去了，只有队长跟着谢子长去后院查货。

三查两查就把驮子里的黑货全都找出来了，保卫队长和驼队掌柜一看瞒不过去了，只好赔着笑脸说：“兄弟猪油蒙了心，为了糊口没办法，还请长官通融！”说着便从口袋掏出一叠票子，直往谢子长手里塞。

谢子长不动声色地全收了，然后说：“井司令军法如山，兄弟职责所在，绝不敢徇私枉法。这些东西嘛，只好扣留没收了！”

保卫队长和掌柜就像被人塞了一把辣子又强捂住嘴，心里别提多难受，可脸面上又不好发作，况且谢子长身后个个荷枪实弹，也不是好惹的，只好自认倒霉。

游击队把黑货没收拉走以后，一路上有说有笑，一下子弄来价值上万块银圆的东西，可以换多少武器和粮食！

转战安定城乡

第 1 支队组建以来，从消灭一个敌人、夺取一条枪开始，在战斗中不断成长壮大，也接连打了好几次胜仗。在李家岔伏击了李丕成的民团 20 多人，在梨树台打跑了催粮要款的民团 10 余人，又袭击了邻县横山石湾镇的民团。催粮要款的保长、乡长更是担惊受怕，龟缩在家，天天担心被游击队打上门去。

不过总还有那么一些家伙不知死活，妄图维护既得利益，想方设法与游击队作对。距李家岔不远的姚则峁河，四面依山，住有十几户人家，村里有个大地主叫贾生金，十分反动，甚至请了国民党军张建南营在村里修碉堡，扬言要与游击队一决高下。

谢子长闻讯，立即决定杀一儆百，先把这个反动据点捣毁。于是带领战士们悄悄进村潜伏，包围了贾生金的院子，谁知刚好迎面碰上了张建南的一排匪兵。游击队见状开枪就打，谢子长命令刘志丹派来支援的刘约三游击队作掩护，第 1 支队当主攻，院里院外顿时展开了激烈的战斗。最后，队员们用手榴弹把敌人赶出村子，战场由院子扩大到村外。谢子长赶快布置李胜堂、谢绍安、刘明山、陈文保等组成突击队抢占村外的制高点西山。

其实，狡猾的张建南听见枪一响，就提前派人往西山上爬并占领山头阵地。这时，张建南一手拿枪，一手挥刀，左砍右打，在阵地前逼住士兵不让后退。游击队发起一次冲锋，无奈敌人火力强劲，地形有利，被压了下来。谢子长见状，马上亲自带领第二个突击队冲上去。只见他把袖子抹在胳膊弯，手提一把驳壳枪，大喊一声："同志们往上冲啊！拿下这个山头就是胜利！"说完就带头向上冲去。

迎面的敌人急了眼，顿时噼里啪啦枪声大作，子弹从战士们身边嗖嗖穿过，许多敌兵连瞄准也顾不上就开枪，树干上、地面上、山坡根，到处子弹乱窜、尘土飞扬。谢子长丝毫不为所惧，一边警觉地左右观望，一边沉着地按Z字形路线，时而匍匐，时而跃进，不停地向前冲锋。这样一来，有意瞄准的敌人拿他也没办法，不免气势矮了一截。身后的队员们纷纷效仿，赤卫军也在各山头摇旗助威，枪弹声、喊杀声和敌军官兵的叫骂声、呼救声、哭喊声，一时间震耳欲聋。

在谢子长的带领下，不到一顿饭的工夫，这一波的进攻便宣告胜利。战士们消灭了敌人一个整排，缴枪 20 多支，活捉 6 人，捣毁了敌人的碉堡据点。敌营长张建南眼见兵败，急忙换衣化装，三两下把他那油头粉面涂抹成叫花子模样，装成被抓差来的贫苦人，才侥幸逃脱。

姚则峁河战斗之后，游击队声威大震，第 1 支队很快发展到 100 余人。一时间，不仅民团不敢下乡骚扰，就连敌人的正规军也不敢轻易出城了。继第 1 支队壮大之后，在中共陕北特委和谢子长的领导下，第 2 支队在清涧成立，第 3 支队在神木、府谷建立，第 4 支队在佳县、吴堡建立，第 5 支队在绥德建立。这些支队的骨干很多都是清涧起义、陕甘游击队时期的老革命，各支队遥相

呼应，相继开辟了安定、延川、神木、府谷、佳县、吴堡、绥德等革命根据地，形成了以安定西区为中心的安定（安绥清横靖及三延地区）、佳吴（绥米佳吴）、神府（神府榆佳边）3个红色根据地。陕北农村已成为游击队的天下。

1934年7月，为加强对陕北游击队的统一领导，谢子长给中共陕北特委写信，提出了成立游击队总指挥部的具体计划和部署。很快，中共陕北特委同意了谢子长的意见。

7月8日，第1、第2、第5支队200多名指战员集合在安定西区阳道峁一片开阔的空地上，谢子长在热烈的掌声和欢呼声中宣布中国工农红军陕北游击队总指挥部成立了，并在讲话中提出了加强军政纪律、提高战略战术、扩大红军，为创建陕北正规红军而奋斗的任务。最后，中共陕北特委组织部部长郭洪涛代表特委宣布，谢子长兼任总指挥，郭洪涛任政委，贺晋年任参谋长。

陕北游击队总指挥部成立后，第一次军事行动就是攻打安定县城。

安定城是国民党县政府所在地。城墙由石头

垒成，地势险要，背靠南山，三面临川。由于革命形势大发展，城里张建南、李丕成处处挨打，走投无路，便四处搜捕，疯狂镇压，采用抓一批、关一批、杀一批的残酷手段，逮捕了300多名所谓“政治犯”关进监狱，并杀害100多人。广大人民群众和死难烈士家属噙着眼泪，纷纷要求红军打安定、救亲人、报血仇。

谢子长下令第1支队主攻，第2、第5支队掩护，组织500多名精干的赤卫军配合。第1支队又计划李胜堂分队首先在东门打敌营部，吸引敌人兵力增援，掩护谢绍安、刘明山分队攻打监狱。临出发前，谢子长还再三嘱咐：“我们今天攻城的主要目的，是打开监狱，救出狱中的人。我们这是第一次打城，是虎口拔牙，不必恋战，更不能轻敌。”

7月8日晚，部队从南山摸到城跟前，搭起云梯悄悄爬上城墙，一阵排子枪就把炮楼上的敌人打跑了。谢子长站在炮楼上指挥战斗。谢绍安、刘明山等人冲到监狱门口，一枪打坏监狱门铁锁，大声高喊：“我们是红军老谢的部队，救你们出去啦！”

监狱内的人听见枪响，砸掉手脚镣铐，内外

配合，谢子长指挥大家往后山转移。天亮前，200多人就全部救出了。胜利地完成任务后，部队便边打边退撤出城。此时太阳已经升起，老百姓听说打下了安定城，来看热闹的人山人海，赤卫军在各个山头打起红旗，有的还吹起唢呐，敲锣打鼓，好不热闹。

敌人一看满山遍野都是红旗，就不敢再追，退了回去。谢子长事后总结说："张建南城内有 2 个连，加上民团有 300 多人，我们进城不到 100 人，救出这么多人，他们干瞪眼，没办法。事实证明，我们处处都有人民的帮助，红军必定无敌于天下。"

陕北根据地和陕甘边根据地革命力量的壮大让敌人惶恐万分，于是火速调集兵力，企图从北向南，将根据地各个击破。为了进一步加强陕北红军和陕甘边红军的战斗联系，谢子长决定率领陕北红军游击队第 1、第 2、第 5 支队和赤卫队 200 余人南下。7 月下旬，到达南梁地区与红 26 军第 42 师会合，商议反"围剿"对策。

谢子长、刘志丹等老战友久别重逢，别提有

多高兴。陕甘边工农民主政府和红 42 师召开了欢迎大会并杀猪宰羊，慰问大家。还邀请陕北游击队参观了荔园堡的红军军政干部学校，介绍了陕甘边工农民主政权建设和部队生活管理的经验，搞了战术演习，并派人到陕北游击队讲解中央政府颁布的《土地法》以及在陕甘边地区执行的情况。陕北游击队总指挥部派人慰问了红 42 师和陕甘边游击队的伤病员，并介绍了陕北游击队做群众工作的经验。

1934 年 7 月底，中共陕甘边区特委和红 42 师委员会，在南梁附近的阎家洼子召开了连以上的干部会议，西北军事特派员谢子长宣读了上海临时中央局及北方代表给红 26 军的两封指示信，红 42 师的负责人汇报了作战和领导群众斗争、政权建设情况。会议决定红 42 师 3 团到陕北协助发展红军游击队和扩大根据地；还决定由谢子长兼任红 42 师政委，杨森仍任师长。

当月，陕北军阀井岳秀乘陕北游击队南下陕甘边之机，派一个师配合地方民团，大规模地向陕北革命根据地发动第一次“围剿”。敌人采取步步为营的堡垒对策，在他们所到之地实行了残酷的烧、杀、抢、掠，并推行保甲制度，强迫群众并村，妄图断绝红军游击队与群众的联系。

8 月 17 日，驻石湾镇的敌第 86 师姜梅生团以 1 个连的兵力窜入一个叫景武家塌的小山村。谢子长得知后，决心抓住战机，消灭这伙孤军深入之敌。他召集大家缜密地研究了作战部署，决定由王世泰带领红 3 团担任主攻，吴岱峰带领第 1、第 2、第 5 支队助攻。

战斗打响后，红 3 团首先从景武家塌东北面山头上冲下来，占领了脑畔山。然后居高临下地扔了一通手榴弹，炸得敌人血肉横飞。同时，吴岱峰带领第 1、第 2、第 5 支队也从东南方向攻进村子。负隅顽抗的敌人大都做了刀下之鬼，有十几个漏网之敌向南逃窜，跑到一块苎麻地里，被游击队追上消灭了。

这一仗，全歼敌人 1 个连，缴获长短枪 100 多支，俘虏敌人七八十名。

景武家塌战斗的胜利，极大地鼓舞了陕北人民的胜利信心，斩断了敌人伸向根据地的一个触角。从此，小股敌人吓得不敢出来，安定县的革命形势大为好转，贫苦农民自动组织起赤卫军，给红军、游击队送粮食。党的组织也公开了，妇女会、儿童团更是如雨后春笋般地发展起来。安定县除几个点还被敌人占据外，大部分成了我们的根据地。

战后，谢子长率领红 3 团和陕北游击队总指挥部在玉家湾稍事休整，遂挥师向东，逐渐扩大发展。

河口攻坚负伤

玉家湾休整后，谢子长便率领红军东进，兵锋直指“围剿”红军的大本营绥德，井岳秀慌忙派兵拦截。在细致侦察的基础上，谢子长决定对敌采取集中优势兵力、首先打击露头之敌、各个击破的战术。

部队经过南沟岔、老君殿，绕道至绥德苏区的张家圪台。那时，安定至绥德交通线上的老百姓因受反动宣传，大都已经出走；小股分散的敌人也闻风纷纷逃窜。为避免打扰百姓，谢子长命令部队一律在村旁树下露营休息。

8 月的夜晚，秋风习习、蚊虫肆虐，地面上潮气逼人，红军宿营装备的条件极其有限。经过连日的行军，战士们很是辛苦，但看到谢子长也和大家一样风餐露宿，都毫无怨言。

眼看战士们因蚊虫叮咬难以入睡，谢子长爬起来，找人取些干柴点着，又在上面压了些土块石头，火苗马上变成青烟，随风飘散。蚊虫很快便被驱赶殆尽，战士们这才慢慢进入梦乡。

夜已经很深了，谢子长一时睡意全消，索性披衣而起，负手踱步，来回巡营。敌军的欺骗宣传，让红军的行军多少有些被动，老百姓听信敌人谣言，全都上山进洞藏起来了，部队的给养怎么补充？谢子长也很犯难。

突然，谢子长听到一阵“呼哧呼哧”的声音由远及近，定睛一看，原来是一头大猪向他走来。谢子长心想，准是躲避红军的百姓管束不力，无人投喂，饿久了，才让它跑出来。庄户人家喂大这么一头猪不容易，于是便吩咐战士们把它捉住，拴在树上。

第二天一早，谢子长和战士们刚起来，便见一位老汉急匆匆地赶到营地，站在一旁欲言又止，一脸焦急的样子。谢子长见状，便猜到是老汉家的猪走丢了，他肯定是认为红军和国民党军一样，也是逮住百姓的牲口就要杀了吃。老汉呆呆地瞅着拴在树干上的猪，想领又不敢，想走又不舍得。

谢子长迎面向发呆的老汉走过去，和和气气地说："老人家，这头猪是你们家的吗？"

老汉一愣，想点头又犹豫了，只是瞟一眼猪，再看一眼谢子长。

谢子长说："昨天它从你们村里跑出来，迷路闯进我们这里，我们担心周围有狼，便让人先帮你们看管起来了。想送回去，又不知道是谁家的。幸好你来了，麻烦您老人家帮我们打听一下，看是谁家的，快来认领。"

老汉感动的眼泪直打转，喉头动了动，便问谢子长："你们就是红军？"

没等谢子长开口，旁边的战士便抢答说：

“对，他就是我们的总指挥老谢！”

谢子长接过话头：“我们路过这里，是去消灭欺压百姓的军阀和官僚恶霸，不会骚扰你们。只是想向你们买一些……”

老汉一下很激动，谢子长还没把话说完，他便开口：“难怪你们睡在外面，难为你们了，难为你们了。”说完，他猪也不要了，转身跑向村里。接着响起了一阵儿敲钟声，不一会儿，村里的男女老少便纷纷来到柳树下，请红军进村吃饭。

吃完饭，谢子长就率领队伍又出发了。部队沿途一边行军、一边宣传。红军一路势如破竹，8月23日，在张家圪台山上击溃了敌人从薛家峁来的1个连，消灭守敌2个排。少数向无定河逃窜的敌兵，只恨爹娘少生两只腿脚，慌不择路，很多淹死在无定河里。

张家圪台战斗之后，谢子长率军沿无定河南下，移入清涧境内。所到之处，吃了老百姓的粮食，都留下了银圆和简单的信。群众对部队的纪律严明反响很好，到处传说来了“天兵天将”，很快也就和红军亲如家人了。他们杀猪宰羊包饺子，款待红军。热情的群众把谢子长团团围住，给红军透露周边敌军的驻防情况，建议谢子长攻打河口渡口据点。

清涧县河口镇的这个据点位于无定河和黄河的交汇口，这里水流平缓，具备通航条件，是晋陕间为数不多的几个渡口之一。河口据点的地势极为险要，光秃秃的一座山，山上修有碉堡，居高临下，易守难攻。山下的河口村里也筑有工事，特别是敌第 22 军 5 团 11 连连长董正谊来此镇守之后，防守更加严密了。连黄河中往来摆渡的艄公也一律不让渡客，说是为了防止山西游击队打到陕西。

董正谊这帮家伙仗着枪炮在手，经常敲诈勒索百姓不说，还经常窜入乡村，和地方上的民团乡保长相勾结，摊粮要款，欺压百姓。谁家娶个漂亮媳妇，让他们知道了，迟早免不了被糟蹋。十里八村的老百姓，早就与他们结下血海深仇。谢子长带领部队初到河口，许多百姓就抱着一筐一筐刚打下的大红枣，声泪俱下地来控诉，请求红军为民除害。

部队稍作休整后，在广大赤卫队的配合下，

先是在一天拂晓进攻了河口镇，击溃了镇上 1 个连的敌人。镇上守敌因背水作战，无路可退，损失惨重，被逼逃往清涧县城。守渡口的董正谊闻讯变得风声鹤唳，处处小心，天天派人从早到晚四处侦察。

8 月 26 日晚，谢子长指挥部队投入夜袭渡口据点的战斗。当时正下着雨，天昏地暗，临近碉堡雨越下越大，天黑得连人站在对面都看不清楚影子。战士们只好前后拉着衣服后摆朝前摸进，两名带路的向导一时也搞不清楚到了什么地方。正迷惑间，敌人的哨所开枪了。部队行踪泄了密，夜间偷袭基本成了正面攻坚。

战斗在拂晓前打响，先头的红 3 团 1 连很快占领了渡口阵地，随后跟进的第 2 连因夜暗看不清楚，与第 1 连联络不畅，还一直往上攻。结果被第 1 连误认为是敌人的反攻，掉过头展开混战，一直打到天亮，才发觉是自己打自己。这就给了敌人可乘之机，趁乱退守在几孔窑洞里，布置好交叉火力，拼死顽抗。

谢子长闻讯，马上来到窑院外的指挥所，现

场勘察敌人的情况。当时，陕北苏区的一名区委书记，半跪在掩体后面闪出半截身子向敌人喊话劝降：“白军兄弟们，不要顽抗到底了，我们的政策是交枪不打人！”

区委书记后面站着第2连连长李得胜，再后面是陕甘边区革命军事委员会委员黄罗斌，谢子长站在他们后面。谁知区委书记话音刚落，凶残的敌人就开了枪，区委书记顿时应声倒下。但子弹劲头不减，洞穿区委书记身体后，又打掉李得胜的一个纽扣，在黄罗斌衣服上穿了一个小洞，最后狠狠地打在了谢子长的胸部。当时谢子长穿了件深紫色的夹袄，血涌出来一时不易被人发现，他强忍伤痛，一声未吭，继续全神贯注地指挥着战斗。

派出去的侦察员这时也回来了，说是敌人援兵已经出发，两三个小时就可赶到渡口据点，谢子长又望了一眼敌人的碉堡，恨恨地咬了咬牙，吩咐把各支队领导找来，就地召开动员会。他坚定地说：“从半夜到现在，连这个据点都没拿下，还损失了这么多人。现在敌人援兵来了，我的意思，咱们再打一次冲锋，看能不能攻克。”

支队领导们都咬牙切齿，纷纷同意谢子长意见，表示坚决拿下敌人碉堡。

谢子长右臂一挥，新一次的冲锋马上打响。敌人还在负隅顽抗，谢子长望着敌人阵地机枪猖狂的火舌，“噌”的一声就从掩体跳出来，想去亲自冲锋，但胸口的枪伤瞬间被牵连发作，好像胸口又重重挨了一拳。谢子长一个趔趄栽倒，被站在旁边的第1连连长宋飞一把扶住。谢子长站起来说：“不要紧，你快指挥往上冲！”旁边的战友急忙来查看他的伤势，发现他的棉袄早已被鲜血浸透。

谢子长的侄儿谢福成慌忙跑来包扎，谢子长顿时就发脾气了：“你管我干甚！为啥不去包扎别的伤员！”他一把推开谢福成，左手捂着胸口，右手提起枪，就要往上冲。可刚迈开步子，身子就晃了晃，险些跌倒。红3团团长王世泰坚持赶快把谢子长送下去，由他接替指挥，谢子长这才无奈同意退下火线。

谢福成见状，赶忙又向前来搭手接应，谢子长发现前面山坡下躺着几名负伤战士，便叫谢福成快去抢救。谢福成执意先送谢子长，谢子长身子一挺，厉声喝止：“别管我，快去把山下的伤员救上来！”直到山坡下受伤的战士全部撤上山后，他才和大家一起撤出了战斗。

又一次冲锋开始了，指战员用火力把敌人压制住，一些战士终于攻了上去，但敌人工事非常坚固，受地形限制，后面的战士很难再组织火力支援，不然可能误伤自己。攻上去的战士坚持不住，结果又被逼了回来。

战斗一直打到 27 日下午，王世泰见一时难以取胜，且敌人援兵已近，再打就会腹背受敌，遂请示谢子长同意，只好撤出战斗。部队转移后，被战斗吓破胆子的敌连长便夹着尾巴逃跑了，赶来增援的敌人见无人接应，也只好退回清涧城里。此役虽未全歼敌人，但重创了守敌一个连，河口镇亦被解放。

05 最后战斗

扩大革命成果

1934 年 8 月 28 日，谢子长带伤出席了中共陕北特委在清涧县惠堨里召开的会议。会议决定趁冲破“围剿”胜势，将陕北游击队改编为陕北红军独立师，游击队的第 1、第 2、第 3 支队扩建为红军第 1、第 2、第 3 团；广泛开展游击战争，建立人民政权。

会后，谢子长带伤指挥部队挥师北上，于安定董家寺击溃高玉亭团 1 个营的进攻。

在陕北红军游击队总指挥部所辖部队和红 3 团进行反“围剿”作战的同时，红 3 支队亦在神府地区展开了反“围剿”斗争。该支队屡挫敌军，与南线遥相呼应，打乱了敌人的军事部署，使敌人陷于游击战争的汪洋大海之中，屡遭失败，据点骤减，战线收缩，变分散进攻为集中固守。

红军的胜利使敌人惊慌失措，8 月 31 日，国民党《上郡日报》载：“近日陕北驻防官军被匪缴械俘虏，驻军虽全力剿除，唯匪出没无常，时而千百成群，时而三五分散，难以奏效。”“各军政官员甚为焦虑，纷纷急电当局，请速设法防范，以免临时无所措施。”

此次绥德张家圪台、清涧河口、安定董家寺等处的反“围剿”斗争，由于主力红军与各地武装力量和人民群众紧密结合，协同作战，经过 10 余次战斗，歼敌 300 余名，缴枪 230 余支，胜利地粉碎了敌人对陕北根据地发动的第一次“围剿”。

多次战斗的胜利极大地鼓舞了陕北人民的革命信心。8 月 25 日，安定县临时革命委员会在李家岔宣告成立。9 月 12 日，清涧县临时革命委员会在袁家沟成立。9 月 18 日，在温家川成立了神木县革命委员会。绥德、吴堡、佳县、延长、延川、安塞、靖边、米东、米西、横山、府谷等 14

县的革命政权也相继建立。

与此同时，安定的第 8、第 13 支队，延川的第 9、第 17 支队，靖边的第 10 支队，安塞的第 11 支队，绥德的第 12 支队，米东的第 14 支队，米西的第 23 支队，吴堡的第 15 支队，横山的第 16 支队，延安的第 18 支队，延长的第 19 支队，神府的第 21 支队等新建、扩建的游击队如雨后春笋一样发展起来，还有各区的突击队、武工队，各地的赤卫军、少先队也都活跃于陕北的广大农村。随着红军和游击队在打击敌正规军中不断取得胜利，各地的游击队、赤卫军也对敌武装民团展开了进攻，半年内就拔除民团据点百余个。

在人民战争的推动下，陕北革命根据地由许多小块连成了安定、靖绥、佳吴、神府等四大片。在安定、绥德、清涧等比较巩固的根据地内，还开展了轰轰烈烈的土地革命。至此，敌军只能据守各县城和大的集镇，断断续续地占据着从延安到榆林的一条大路和绥德到宋家川、米脂到螅蜊峪、榆林到府谷的 3 条支路，苟延残喘。

谢子长负伤后，流血过多，身体很虚弱，大

家都很忧虑。为了稳定部队和群众的情绪，谢子长命令对他负伤的事不许声张。他还坚持步行，把马让给其他重伤员骑。偶尔有人给他找一点好吃的，他也让给其他重伤员吃。因为积年的灾害和盘剥，当时百姓几乎只有粗粮，只能有什么吃什么。即便这样，有时送来的饭也难免在寒冬中冻成一块，谢子长不能吃就饿着。

尽管如此，他仍日夜操劳，忘我工作，谋划着部队和根据地的发展。他派人找来当时在安定、清涧一带农村搞地下斗争、开辟新区的贺晋年。见到他后，指示把县军事委员会建立起来，以便统一指挥全县的游击队。

革命的形势蓬勃发展，谢子长一边指导部队扩红，一边率队转战。9 月 15 日晚，他不顾自己伤势加重，亲自指挥第 1、第 8 支队和保卫队二打安定城。

谢子长先是找来早已打入城中敌人内部的白应奎和刘光汉两名内线，耐心地嘱咐一番，让他们回城以后，在预定的时间地点里应外合消灭敌人。随后，谢子长又召集骨干，开始紧锣密鼓地商定攻打县城的具体行动方案。

战士们听说又要攻打安定城，都高兴坏了，纷纷请战。部队连夜出发，到达城东 1 公里处的石宫寺庙里，等待战机。

这时驻守安定城的是两个“狼儿子”——“大狼”李丕成、“二狼”李丕胜把持的民团武装和国民党正规军张建南营。不知道是不是有什么预感，“大狼”李丕成这一晚迟迟就是不睡觉，很晚了还把白应奎叫去，对他说：“今天晚上要注意，红军在东沟。”

白应奎猛的一惊，心想：“他怎么知道？难道暴露了？”但冷静一想，又觉得如果暴露了，就不会这样对我说话了。于是假意向“大狼”保证：“你放心，我和刘光汉盯紧点，不会有什么事的！”说完，就大声把刘光汉喊了进来，交代让他今晚好好站岗。

有了这话头，在外面值班的刘光汉就更警惕了。他站了一班又一班，千方百计找借口，不让其他人接哨。直到外面其他人都睡了，才安排谢子长派来接应的谢绍安藏进东门城楼里。

白应奎寸步不离跟在“大狼”身边，狡猾的“大狼”在屋里转了一圈又一圈，就是不肯睡下。刘光汉放进谢绍安时，尽管动作很小心，还是被他听到。

“大狼”大声问：“什么人！”

刘光汉把门帘一揭，进来回答说：“不晓得！”

这时，已经睡下的“二狼”被说话声惊醒，本能地拿起枪准备开火，发现弹匣早已被人卸下。“二狼”感到情况不妙，连忙“噌”一下从门里窜出去，沿着城墙跑了。

“大狼”李丕成推开刘光汉，发现门里进来谢绍安，慌忙回身从被子下面抽枪，谢绍安趁机跳上炕，一个猛扑就把“大狼”骑在身下。白应奎把“大狼”的枪一把夺过，谢绍安连开两枪，刘光汉又补了一枪，将“大狼”击毙。

这时，北门上的敌人听到枪响，但摸不清情况，也不敢到东门来，只得胡乱地四处放枪。谢绍安赶忙把东门打开，谢子长带着部队冲进城来，当机立断，肃清东门残敌，命令火烧城楼。

张建南在营部听到东门楼上枪响，马上带人

前来支援。被早已埋伏在附近的刘明山带第 1 支队截了个正着，四面八方一阵排子枪猛放过去。这时夜色更深了，张建南摸不清楚情况，只好丢下一地尸体狼狈逃窜。

此役消灭了作恶多端的西区民团团总“狼儿子”李丕成，谢子长见战斗目的达到，便迅速指挥部队撤出了安定城。

成立陕北红军

9 月 18 日，由红 1 支队和红 8 支队合编成的中国工农红军陕北独立师红 1 团在安定县崖窑沟成立。谢子长出席大会并亲自为红 1 团授旗。

谢子长坚持参加了整编大会，日渐恶化的伤口折磨得他身体消瘦、憔悴不少。但在主席台上，他却依然显得神采奕奕、高兴极了。他用那深邃明亮的目光久久注视着会场，脸上闪现着难以抑制的欣喜。众人激动地将他簇拥到主席台中央，热烈的掌声、欢呼声潮水般一浪接着一浪。许久，才见谢子长微微摆手，奋力把身子一直，用高亢振奋的声调宣布“陕北红军第1团正式成立！”

会上，陕北特委负责人郭洪涛代表特委、鲁贲代表北方局分别作了热情洋溢的讲话。

“现在进行授旗仪式！”谢子长庄严宣布。身边的同志递来一面崭新的红旗，谢子长双手接过，神情肃穆，如奉千钧之重。戎装整洁、身姿笔挺的贺晋年大踏一步走上前来，从谢子长手中接过红旗迎风一扬，红日红旗红缨枪交相辉映，汇成一片红色的海洋。

与此同时，红3支队在神木王家庄改编为中国工农红军陕北独立师第3团。11月4日，红2支队在清涧县小马家山扩编为中国工农红军陕北独立师第2团。在陕北特委的领导和谢子长的关心下，1935年1月30日中国工农红军第27军第84师在赤源县（属安定县）白庙岔正式成立，师长为杨琪，政委为张达志，参谋长为朱子修，下辖第1、第2、第3团，有千余人。

军事挑衅无果，井岳秀恼羞成怒，下令对根

据地实行更加严密的政治经济封锁，使红军药品、食盐等奇缺。谢子长只好用南瓜瓤子烤热了，敷在伤口上解毒消炎。为了防备敌人的偷袭，部队经常在一个地方住上几天，就得转移到别处。

一天，贺晋年腹部中弹受了伤，谢子长带着病体赶到玉家湾去看他。谢子长踏进窑洞时，贺晋年正躺在炕上，他看见谢子长后，十分激动，挣扎着就要爬起来。

谢子长连忙说："快躺下，别起来。"

贺晋年眼中噙着泪花说："老谢，你也伤得这么重，怎么还跑来看我！"

谢子长故作轻松地笑笑说："我不要紧。听说你受了重伤，把我吓了一大跳，快让我看看。"

贺晋年一边解衣一边宽慰谢子长说："我的伤不要紧，没有伤到肠子。"

谢子长一边仔细察看一边说："用什么药了没，我一定要想办法给你弄些灰锰氧来！"

贺晋年知道谢子长自己也没有药，还心心念念想着别人的伤，激动地说："老谢，你不能光想着别人，忘了自己啊！群众说：'老谢的伤牵动着千万人的心’，你可得为革命好好养伤，陕北的老百姓需要你！”

谢子长哈哈一笑，“我的伤也不要紧！这不是也在好好养吗？”

贺晋年刚想再说什么，谢子长就岔开话题，两个人谈起准备部署第二次反“围剿”的事情。

谈了很久，不知不觉已近黄昏。这时房东老大娘端着两碗面条进来了，贺晋年接过面条，先尝了一口，觉得有点硬，他知道谢子长的胃不好，便说：“面条有点硬，如果你吃得不舒服，就不要硬吃下去。”

谢子长说：“老乡拿最好的东西给我们吃，我们不吃，老乡会难过的。他们会说老谢连面条都嫌不好吃，就不好了。”他用筷子指指面条又说：“它就是铁条我也要把它吃下去”。

然而这碗面条还是使谢子长的胃吃坏了，他身体很快就变得更虚弱，除了枪伤外，还经常肚子疼，气喘咳嗽得直不起腰。

带伤工作的时间里，大家都十分关心谢子长的伤势，他总是宽慰大家说：“不要紧，没关系！”

刚开始他还解开绷带让他们看，后来干脆连看也不让看了。斗争取得阶段性胜利之后，谢子长伤势恶化，他再也无法领兵打仗，便带领几个人来到玉家湾乡的任家砭、景家坪、峁底等村开展土改工作。大家明显感到他的伤势一天天在加重。起初他骑在马上还能直立起身子，后来只能趴在马背上。他一天比一天消瘦，眼窝一天比一天陷得厉害，马骑不成了，只好由别人搀扶着走，到后来连站都站不起来了，只好坐在担架上随部队行动。

直到 1934 年 10 月，谢子长伤情加重。他感到自己已成为部队行动的累赘，才同意离开部队，到安定的一个偏僻山村阳道峁去养伤。

托付统一领导

1934 年 10 月，蒋介石从陕西、甘肃、宁夏、山西调集了 4 万军队对西北红军发动了第二次“围剿”。

敌人的部署是：从河南调来高桂滋部第 84 师 4 个团，与原驻延安的高双城部合力进逼绥德、清涧、安定、延长、延川、延安等陕北根据地的中心区。北面，第 86 师 5 个团，由北向南，沿神木、府谷、佳县、米脂、横山、靖边以至保安推进；东面，晋军两个师陈兵黄河东岸，支援高桂滋、高双城部；南面，第 42 师 4 个团摆在富县、中部、宜君、耀县、旬邑、淳化一线，由南向北进攻宜君、中部、洛川、富县、甘泉地区；西面，第 35 师 7 个团向甘肃的合水、华池、庆阳地区侵犯。另外，蒋介石的嫡系第 61 师的 6 个团还布防于甘肃正宁、宁县一带。

红军和根据地面临生死存亡的考验，谢子长深感忧心。他找来贺晋年嘱咐说："据可靠情报，蒋介石为了加强对西北革命根据地的'围剿'，要调高桂滋的第 84 师来陕西，这样敌人的力量增强了。但是高桂滋和井岳秀是冤家对头，貌合神离，必然给我们以可乘之机。我们要利用他们之间的矛盾，集中力量打高桂滋。阎锡山和马鸿宾只关心自己的地盘，主要是摇旗呐喊凑热闹，来了也是虚张声势。蒋的嫡系来是来了，但明摆着是当督军的，想借机削弱杂牌。”还谈到了陕北根据地近两三个月来的大发展，谈到他的伤养好后如何带领红军打破敌人的第二次“围剿”，等等。

谢子长坚定地对贺晋年说：“要对我们自己有信心，人常说陕北是个穷地方，没有多大的发展，我看不然。陕北这里藏龙卧虎，历史上出了不少农民起义的领袖。像李自成、张献忠这样的大英雄，把那么大的一个明朝都推翻了。陕北现在是穷了些，等以后革命胜利了，这些反动势力都被我们打倒了，人民当家做了主，一定会富裕起来的。咱们共产党人就是要加快这个变化，让人民早点过上好日子。”言语之中，谢子长对革命胜利充满了信心，对美好的未来充满着期待。

谢子长病情不断恶化，中共陕北特委负责人马明方、郭洪涛等人多次前去看望他。谢子长在病榻上勉力支持着，与特委的同志进行了很长时间的讨论，并就如何开展陕北工作，提出3点意见：第一，必须迅速消灭根据地腹地的个别地主武装；第二，陕北应主动和陕甘边联系，两块根据地的统

一和协调，已成为迫切需要解决的问题；第三，在军事上应集中力量打击高桂滋的第 84 师。

中共陕北特委很快采纳了谢子长的建议，并致信陕甘边区特委，约请刘志丹带红 26 军北上，共同商讨两个苏区联合发展、两支主力军事统一指挥及粉碎敌人第二次“围剿”等问题。

1935 年 1 月 19 日，刘志丹率红 26 军第 2 团及陕甘边第 5、第 6 支队，抵达陕北赤源县水晶沟，数次探望谢子长。1 月 20 日，赴灯盏湾再次探望时，谢子长以极大的毅力，坚持就建立西北工作委员会、西北军事委员会，统一领导、统一指挥红 26 军和红 27 军，特别是当时最为紧要的反“围剿”等问题，与其进行了长时间深入交谈。

从渭华起义到宁夏兵运，从“三道川事变”到风雪子午岭，从陕甘游击队到红 26、红 27 军，从反动派的屠杀到“左”倾路线的迫害……两人共同渡过无数惊涛骇浪，经历了无数次失败的打击，百折不挠，愈挫愈奋，终于领导人民创建了西北红军和革命根据地。这一次的会谈，两人都感到意义重大，激动的谢子长精神显得尤其好。

两位战友在陕北革命根据地和陕甘边革命根据地合并、两支红军统一指挥以及今后革命的发展方向等重大问题上取得完全一致意见。唯有对军委主席人选的问题上各执己见，相互谦让。谢子长说："我不行了，军委主席你就担当起来。"刘志丹说："那怎么能行，你是老大哥，只要你在一天，就还要你当，具体工作我可以做。"

两人推让很久还是争执不下，最后谢子长严肃地说："我以中央驻西北军事特派员名义，指定你为西北军委主席。"

当时，陕北革命根据地和陕甘边革命根据地两地党组织都一度与上级失去联系。在这种情况下，谢子长以西北军事特派员的身份作出果断决策是合适的。

谢子长强撑病体谈了很久，这时说话都已很费力了，但语气中仍带有一种毅然决然的坚决。刘志丹眼看不好再争，只好顺着谢子长的话说："那就让西北军委联席会议决定吧。"

说话间，刘志丹摸着谢子长盖着的薄被，关心地说："老谢你这个被子太差了，应当给你换条好的。”谢子长笑了笑说：“只要能把伤养好，被子薄点差点没关系。”

临别时，刘志丹对谢子长说：“我派出买药的人快回来了，你好好养伤。”听到这话，谢子长说：“你不要再费心了，我可能不行了，今后的担子就要你挑了！”说着不禁流下了热泪。刘志丹也不由自主地流下热泪。两位驰骋疆场、身经百战的战将这时手握着手都流泪了，在场的很多战士、干部、老百姓忍不住地哭出声来。

在谢子长、刘志丹共同推动下，1935 年 2 月 5 日，中共陕甘边区特委和陕北特委在安定县周家崄召开联席会议。会议决定成立中共西北工作委员会，统一领导陕甘边和陕北两地区的工作；成立西北革命军事委员会，统一指挥两支革命武装。

在选举军委主席时，有的人考虑到谢子长身负重伤，不能到职，建议由刘志丹当主席。刘志丹坚决反对，他深情地表示：“老谢是老大哥，是中央驻北方代表派驻西北军事特派员，只要他在一天，就应当选他，我协助他完成任务。”

会议最后决定谢子长为军委会主席，刘志丹

为副主席兼前敌总指挥，军委会主席的具体工作由刘志丹负责。

联席会议后，刘志丹领导两支主力红军歼敌3000余人，先后解放6座县城，使陕北、陕甘边两块苏区连成一片，范围扩大到北起长城，南到淳化、耀县，西接环县，东临黄河的广大地区，在20多个县建立工农政权，游击区扩展到30多个县，主力红军发展到5000多人，游击队发展到4000多人，面积3万多平方公里、人口90余万的陕甘（西北）革命根据地已经形成，第二次反"围剿"斗争接连取得重大胜利。

心中最念百姓

谢子长在养伤期间，因一时不方便在公开场合露面，老百姓不知道他去哪里了，便到处寻亲访友地打听。后来打听到他在阳道峁养伤，于是悄悄登门探望。开头来人少，不久来的人越来越多了。

凡是来看望的都是亲朋好友和可靠的革命群众，大部分都会带些吃的，不外乎是挂面、鸡蛋、肉、白面、荞面、杂面，还有瓜果等。但就算是这些，对少吃少穿的受苦的农民来说，也是很不容易的。

当时随身照顾谢子长的是他侄儿谢绍安的媳妇白盛英，白盛英心想，这就好了，不愁没有东西给谢子长做吃的了，便一天三四顿饭换着样做给谢子长吃。有一天，谢子长严肃地问白盛英："这些吃的是哪里弄来的？为什么突然吃得这样好？"白盛英只好照实说了东西的来历，谢子长听后问："给人家钱没有？"白盛英说："没有。"实际上这一时期正值反"围剿"斗争形势异常严峻的时候，部队和地方政府照应不上，身边照顾的同志们早就没有什么钱了。谢子长停了一下慢慢地说："我咋能白吃人家的东西，我给劳苦大众没办多少事呀！再说，穷人的东西从哪里来？咱不能要啊！"白盛英见谢子长那消瘦的样子，心里难受极了，便劝解说："三大（三叔）呀，凡来看你的人也不是外人，人家带点吃食，也是一片心意嘛！既然拿来了咱不要，也不好说。我看只要你吃了，伤早养好了，带上红军消灭了敌人，给老百姓分土地、分粮食、分牛羊，也就报答了他们对你的关心。”

“消灭敌军、分地、分粮，这是我们革命应该做的事，不能因做这些事，就吃人家的东西嘛。”谢子长这么一说，就把白盛英难住了。这怎么办？不收人家的东西，实在没吃的。想到这里，白盛英反问谢子长：“那你看今后怎么办？”他坚决地说：“你就说我有吃的，一定不行给一点钱，实在不行，面只留一两，鸡蛋只留一个，肉只割下一点就行了。告诉大家心意我收下了。”谢子长说着说着就流下了眼泪。这还是白盛英嫁到谢家第一次见谢子长哭，惹得她也跟着哭。

谢子长给她讲起了道理：“这里有个群众关系，不吃一点东西，人家说看不起，不管怎样，共产党人不能白吃人家的东西。”

就这样，在群众的掩护下，谢子长先后在安定县的阳道峁、周家崄、磁圪湾、水晶沟和安塞县的小拐沟、毛家砭、韩沟里等地养伤。

1935 年 1 月的一天，照顾谢子长养伤的同志们从安定五龙河村往牛家山转移。路过小界墕村时，在村民续殿革家休息了一下，续家热情地给大家烧了开水。当时谢子长连坐着都很困难，还是十分关切地向续殿革问长问短。

他看到续家五六口人，但是因为家里极度贫困，炕上连一床被子都没有，临走时谢子长便告诉警卫员："把我的这床被子留给他们家。"警卫员为难地说："你只有这床被子，留下你盖什么？"谢子长说："我有这件皮袄就行了。"在一旁站着的续殿革赶忙插嘴："这可不行。你受伤这么重，我们帮你做不了什么，怎能把你的被子留下呢？"谢子长坚持说："以后的世界是娃娃们的，被子留给娃娃们盖吧。"续殿革一家非常感激，拿着被子含着热泪送谢子长出了村子。

过了腊月，谢子长的伤势一天比一天严重了。饭量大幅减少，精神也不大好了。这时反"围剿"局势非常紧张，敌军团长李少棠带两个营"清剿"赤源县（属安定县），组织通知大家立即转移。薛兰岗是总负责人，大路不敢走，小路又难走，数九寒天，冷风刺骨，晚上黑得伸手不见五指，一行人一路连走带小跑，转山到了灯盏湾。

灯盏湾这个村庄在山上，住着两三户人家。进村后群众看见是红军的伤员，马上腾出一个窑洞。连日的颠簸让谢子长面色蜡黄，呼吸间也有些微微喘气。大家急忙给他煮了一碗挂面，他眼睛睁开看了一眼，只是说："不想吃。"这时，薛兰岗又和几个人研究下一步往哪里转移，谢子长建议："向安塞方向转移。"停了一阵，谢子长又说："李少棠是咱老百姓的死对头，临过年还把老百姓准备过年的东西都抢光，残杀了 12 名无辜群众，现在又不知得多少人受残害呀！"见谢子长很难过，照顾他的人只好解劝说："你好好养伤，有红军在，就不用多操心，先静静地睡一阵吧！"

猛然有人送来信说，敌军到了水晶沟了，离这不到 5 公里。这时天还没亮，必须马上起身。谢子长说："看情况很吃紧，你们能抬我出去当然好，来不及就给我一枪，把尸体丢在水渠里，你们逃活命，我不能连累你们，千万不能叫敌人把我活捉去……"他这样一说，同志们非常难过，不禁直掉眼泪，异口同声地说："我们就是剩下一个人，也要把你背出去！"

赶在天亮时，到了城隍庙山根下的韩河村。这时，群众送来信说，闻讯赶来的红军黑夜里在水晶沟和敌军打了一仗，敌人败退回安定城了。谢子长一听，眼睛睁得很大，兴奋地说："打得好！把李少棠的嚣张气焰打击一下，对我们实在有好处。你们赶快了解一下，我们刘明山的伤在什么地方？要紧不要紧？"他总是这样不顾个人安危，时时处处想着革命和战友们。

此后，谢子长的病一天比一天严重，饭也吃得很少，但他从不呻吟。有一天，他睁开眼睛对白盛英说："盛英啊！三大活不了啦，老百姓怕我死，这个心情好理解。只可惜我给他们做的事情太少了。"说得在场的人都哭了。以前白盛英常常偷着哭，谢子长知道了还批评。这天实在控制不住了，当着谢子长的面痛哭了一场，但谢子长这次没有批评她，自己也哭了。

谢子长去世前最后一个除夕之夜，噼噼啪啪的爆竹声响彻灯盏湾全村。9 岁的谢绍明和小伙伴们一起正玩得起劲，听到父亲在窑里叫他。谢绍明回去后，谢子长高兴地叫着他的乳名说："双玉，我几个月没打仗了，想闻闻火药味。你把鞭炮掰开，把火药倒在炕边上点着。”

火药点着了，闪着耀眼的火花，发出了浓浓的硝烟味。谢子长双眼微闭，深深地吸了两下，意味深长地说：“你闻，这火药味多香呀！”此时，他仿佛又回到了硝烟弥漫的战场。在昏迷中，他仍常常呼喊起战友的名字和指挥部队冲锋的口令。

自知即将不久于人世，2 月 20 日这天，谢子长嘱咐白盛英告诉侄儿谢绍安说：“不要因为我的死伤心，要好好战斗，多打胜仗，为死难烈士报仇！”这个时候，他吃饭、说话都已经很困难了，经常昏迷，偶尔会稍微清醒一会儿，有时睁开眼看看，有时只能轻轻点头摇头。当地群众知道谢子长病危的消息，都自发前来探望他。站在门里门外的人，不知不觉地都伤心地哭出了声。谢子长轻轻摇摇头，示意大家不要哭。可是人们离不开他呀，怎能不伤心落泪呢?

1935 年 2 月 21 日，谢子长因伤情恶化，永远离开了人世，离开了他奋斗终身的革命事业，年仅 38 岁。

06 尾　声

谢子长逝世后，为了避免敌人破坏，当晚就被秘密安葬，家属和战友们不准吊孝。谢子长的家人强忍悲痛，一一遵从了组织的安排。可是天降大雪，山山峁峁，沟沟岔岔，房顶树梢，百草头上都是一片洁白。上了年纪的老人们都说，这是老天爷给“谢青天”降下的“百草吊孝”。

鉴于谢子长在西北地区的影响，为了避免影响根据地军民的斗争情绪，稳定人心军心，西北工委和西北军委严密封锁了谢子长逝世的消息，没有召开追悼会。甚至在一段时间里，西北军委的行文布告落款，仍沿用西北军委会主席谢子长的名义签发。直到 1935 年 5 月，经吴家坪、马家坪战斗胜利，西北革命形势大局稳定后才将谢子长病逝的消息公之于世。

谢子长为革命受尽了苦难，奉献了宝贵的生命，他的全家也为革命付出了巨大的牺牲。在谢子长的影响和带动下，谢家先后有 11 人参加革命，有 9 人加入中国共产党，9 人为革命献出生命（含谢子长）。谢子长大哥谢德惠是安定西区地下党组织领导人之一，被敌人追赶在外，患病无医去世；侄儿谢福成在战斗中英勇牺牲；侄儿谢财娃被敌人迫害牺牲；二哥谢占元被敌人抓去在狱中牺牲；侄儿谢绍斌被敌人杀害；侄儿谢福玉被敌人追捕坠崖牺牲；侄女谢玉梅被敌人赶上山，病困去世；侄儿谢绍安是陕北红 1 支队的创始人之一，曾任红 4 团团长，在横山战斗中壮烈牺牲……

1935 年秋，中共西北工委决定改谢子长的故乡安定县为子长县。1939 年春，获悉谢子长灵柩即将移葬他的家乡枣树坪村，毛泽东在延安接见了谢子长的亲属，给谢子长以很高的评价。他说：“西北红军的创始人谢子长败不丧志，真了不起呀！”同时，毛泽东为谢子长烈士墓两次亲笔题词，“谢子长同志，民族英雄”“谢子长同志，虽死犹生”，并亲笔为谢子长写下碑文：

谢子长，名德元，安定人，一九二五年在北平加入共产党，自此即以共产主义为解放中国人民之道路，创农民讲习所，组农协会，领导人民参加反帝反军阀运动，人民因有谢青天之称。一九二七年大革命失败后，子长起义于清涧，继参加渭南暴动，败不丧志，奔走西北、华北各地。九一八事变后，于陕甘之间组织反帝同盟军，改为中国工农红军陕甘游击队，即是第二十六军之前身。一九三三年赴察哈尔参加抗日同盟军，失败后回陕北组织第二十七军，协同刘志丹、高岗诸同志创建了陕甘宁边区。一九三四年于河口之役负伤，一九三五年春因伤逝世。党政军民各界感子长之功德，改安定县为子长县以志纪念。于政府及人民为子长立墓之时，书以叙之。

毛泽东题

中华民国二十八年七月初九

1946 年，中共中央西北局和陕甘宁边区政府在瓦窑堡为谢子长修建了陵墓，举行入葬典礼。

此时，距离谢子长去世已有 10 多年了。65

岁的贺清老人，步行从 25 公里外的热寺湾赶来看灵，还逢人便讲：“旧社会时咱安定出了老谢，县官就不敢胡来，队伍也不敢随便拉差，他给老百姓办了多少好事！”十里铺的小商贾克梁，腿疼得路都走不了，还要坚持骑着毛驴来祭灵。谢子长生病时，他曾偷偷为谢子长请医生、买药。典礼上，他拄着手杖默然凝视灵柩……

谢子长灵柩于 1946 年 2 月 17 日由枣树坪故里移至瓦窑堡新陵，迎灵群众拥满街道，临街窑顶也站满人群，大家肃然俯视。灵堂设于陵园门首，为素布妆成，上挂谢子长巨幅画像。灵堂内庄严肃穆，中共中央西北局挽联上写道：“一生为人民创造红地，百姓到如今叫你青天。”延川、延长、清涧、横山等地群众代表来致祭，陵园前四五垧地全为吊祭者踏平，附近三条道路为之增宽。来人之多前所未有。

公葬筹备时，毛泽东获知消息后，再次为谢子长题词：“谢子长同志千古，前赴后继，打倒人民公敌蒋介石。”朱德也题词：“谢子长同志，陕北人民领袖，前仆后继。”

1988 年 5 月 11 日，邓小平为谢子长烈士纪念陵园题名“子长陵”。

2009 年，谢子长被评为“100 位为新中国成立作出突出贡献的英雄模范人物”。

2015 年 2 月 14 日，习近平总书记来到陕西铜川市耀州区照金镇考察时指出，照金是一块英雄的土地，20 世纪 30 年代初，在极其艰难困苦的情况下，刘志丹、谢子长、习仲勋等老一辈革命家在这里英勇开展革命活动，组建了中国工农红军第 26 军，成立了陕甘边特委和陕甘边革命委员会，创建了以照金为中心的陕甘边革命根据地；并强调，以照金为中心的陕甘边革命根据地，在中国革命史上写下了光辉的一页。要加强对革命根据地历史的研究，总结历史经验，更好发扬革命精神和优良作风。

谢子长的一生，是革命的一生，战斗的一生。他的不朽业绩将永垂青史，他的光辉形象将永远活在人们心中。

后　记

英雄勋业昭日月，革命精神代代传。谢子长把自己短暂的一生，同时代、民族、国家和西北家乡的命运紧密相连在一起，在黄土地上用殷红的鲜血书写了壮丽的篇章。他和刘志丹共同领导创建的西北革命根据地，成为中国革命的落脚点和出发点，为中华人民共和国的成立作出了重大贡献。

谢子长对革命无限忠诚，以天下为己任，抱定为共产主义奋斗的远大理想。他献身革命，义无反顾，“敌人想多杀害我家几个人，逼迫我不革命，根本办不到，敌人的暴行只能促使我革命到底！”这种铮铮铁骨、不怕牺牲的精神，是任何强敌都不能征服的。

谢子长对人民无限热爱，处处以人民群众利益为重。在他生活和战斗过的地方，至今还流传着许多与老百姓同甘共苦的佳话。

谢子长在战斗中无限勇毅，他一生横刀立马，驰骋疆场，身先士卒，不屈不挠，英勇善战，敢于胜利，为我们树立起革命军人和优秀指挥员的好榜样。

本书是参考前人研究成果，从谢子长一生中选取最具代表性的英雄事迹，在可靠史实的基础上，力求用生动感人的故事描写传播谢子长的伟大精神。在编写本书的过程中，得到军事科学院军队政治工作研究院领导和机关的大力支持；赵一平、康月田、张明金、李平、李博、陈政举等多位专家学者进行了审读，提出了宝贵的意见。资料收集方面得到子长烈士纪念馆的大力帮助，成稿后又请纪念馆馆长杨买荣进行审看。

本书参考的书籍和资料有：《谢子长纪念文集》（中共陕西省委党史研究室编/陕西人民出版社）、《纪念谢子长》（中共甘肃省委编/中共党史出版社）、《中共党史人物传·谢子长》（中国中共党史人物研究会编/中国人民大学出版社）、《谢子长传》（张化民著/中共中央党校出版社）、《谢子长将军传》（银笙著 / 解放军出版社）、《谢子长》（刘凤梅、王志厚著 / 中国青年出版社）、《谢子长》（张锋著 / 中共党史出版社）、《陕北早期党史资料》（赵通儒著，魏建国整理 / 中共党史出版社）、《回忆刘志丹和谢子长》（阎红彦等著 / 陕西人民出版社）、《奠基大西北谢子长与中国革命》（强铁牛著 / 中共中央党校出版社）、《100位为新中国成立作出突出贡献的英雄模范人物·谢子长》（张铁慧编著 / 吉林文史出版社）。

在此，谨向关心和帮助此书的各位领导、专家学者，以及上述书刊的作者、编辑致以最诚挚的谢意！

图书在版编目（CIP）数据

谢子长 / 军事科学院解放军党史军史研究中心编. -- 北京：学习出版社，2022.11
（中华先烈人物故事汇）
ISBN 978-7-5147-1095-3

Ⅰ. ①谢… Ⅱ. ①军… Ⅲ. ①谢子长（1897-1935）—传记 Ⅳ. ①K827=6

中国版本图书馆CIP数据核字（2021）第254516号

谢子长

XIE ZICHANG

军事科学院解放军党史军史研究中心

责任编辑：翟晓波　　封面绘画：刘书移
技术编辑：朱宝娟　　内文插图：韩新维
美术编辑：杨　洪　　装帧设计：和物文化

出版发行：学习出版社
北京市东城区崇外大街11号新成文化大厦B座11层（100062）
010-66063020　010-66061634　010-66061646
网　　址：http://www.xuexiph.cn
经　　销：新华书店
印　　刷：北京盛通印刷股份有限公司

开　　本：787毫米×1092毫米　1/32
印　　张：5.625
字　　数：80千字
版次印次：2022年11月第1版　2022年11月第1次印刷

书　　号：ISBN 978-7-5147-1095-3
定　　价：22.00元